人を活かす職場をつくる
「決める」マネジメント

リクルート　HCソリューションユニット

英治出版

まえがき

「決める」がチームを強くする

「なんとなく、うちの職場はうまく機能していない気がするんです」

そんな言葉を、あまりにも多くの企業の方が口にする。

チームワークがとれない。組織のビジョンや方向性が不明確。成果が上がらない。優秀な社員が辞めていく。とにかく時間が足りない。情報共有ができていない。忙しすぎて倒れる人もいれば、やりたいことができない、と不満をこぼす人もいる……。

人に問題があるのか。組織や制度の問題なのか。それとも他の問題なのか。

筆者の属するリクルートＨＣソリューションユニットでは、企業に対して戦略の具体化や実行促進、組織と人材の活性化などに関するコンサルティングを行っている。筆者はその仕事を通じて、さまざまな悩みを抱えたマネジャーの方々二〇〇〇人以上と関わってきた。

彼らとともに「うまくいかない職場」の変革に取り組み、一方で筆者自身も社内でマネジメントに携わる中で、気づき、学び、今では確信していることがある。

マネジャーが変わればチームは変わる。

そして、そのカギは「決めること」にある。

同じ会社、同じ人材、同じチームでも、マネジメント次第で組織は大きく変わる。

うまくいっている職場と、うまくいかない職場の最大の違いは、「決めるべきこと」が決められているかどうかだ。

「決めるべきこと」とは、チームとそのメンバーが、何を、なぜ、どのように行うのか——つまり「方針」である。

当たり前のことだ、と思われるかもしれない。

しかし、この**一見当たり前に思えることが、実はできていないという例が、驚くほど多い。**

はっきりした結論が出ないまま会議が終わる。

役割や担当がはっきりしていないメンバーがいる。

指示があいまいだから現場が動けない。
チームメンバーの行動がバラバラで、足並みがそろわない。
営業成績であれ、業務効率であれ、組織の雰囲気であれ、**「うまくいっていない」という症状の背後には、ほとんど必ずと言っていいほど、「決められない」病が存在する。**

逆に言えば、**「決める」ことができれば、職場は変えられる。**これが本書のテーマだ。

「人を活かす」という責任

もともと、筆者が職場のマネジメントに問題意識を持つようになったのは、リクルートで取り組んでいた、「採用後の人材をどう育成し、活躍させ、組織に定着させるか」というテーマを通じてだった。

「新入社員の三割が三年以内に辞める」という傾向が問題として語られるようになって、ずいぶん経つ。

これは「最近の若者は……」という世代論で片づけておける話ではない。彼らは、企業が何度も選考を重ねて選んだ人材である。その企業に「適している」と判断され、活躍を見込まれた人材だ。

にもかかわらず、次々に離れていってしまう。あまりにも、もったいない話である。

単に「若者の問題」とは思えない。この背景にある要因はいったい何だろう。

そう思って調査を行った結果、浮かび上がったのが、職場のマネジメントの要因だった。**マネジャーの職場運営がうまくできているかどうかによって、メンバーの意欲はきわめて大きく左右される**ことがわかったのだ。マネジメントがうまく機能し、それぞれの人材を活かすことができている職場は、メンバーの定着率も高い。人材が次々に辞めていく職場は、マネジメントに何らかの問題を抱えている。

これは現場のマネジメントにとどまらず、企業の経営レベルでも重大な問題だ。「ヒト、モノ、カネ」という経営の三大資源の一つ「ヒト」を十分に活かし定着させることは、少子化や雇用の流動化にさらされた今日、ますます大きな課題になっている。こうした意味でも、個々の現場のマネジャーが担っている役割は重い。

大きな責任を担って日々奮闘するマネジャーの方々のために、筆者がコンサルティングやマネジメントの仕事を通じて学んできたことを活かせないか。これが本書の執筆動機である。

「決める」でマネジメントは楽になる

「管理職」とは何だろうか。いったい何を「管理」するのか。
「上司」とは何だろうか。それは「上」で何を「司る」のか。
「マネジャー」とは、「マネジメント」とは、何だろうか。

本書執筆に至る過程で、筆者自身、マネジャーとして試行錯誤しながら、こうした問いを考え続けてきた。リクルートＨＣのメンバーには、若い人もいれば、筆者より年配の人もいる。得意分野や仕事のスタイルも個性もさまざまだ。そんな人々を束ねて「マネジメントする」というのは、思っていた以上に手ごわい課題だった。

やがて見えてきたのは、今日のマネジメントの機能不全につながっている、事業環境や組織構造に関わる大きな潮流の変化であり、**環境が大きく変化する中で、マネジメントのあり方だけが過去を引きずっている**ということだった。

また、日本企業に根付いてきた「上司たる者、かくあるべし」といったイメージが、今日ではもはや十分に機能せず、むしろマネジャーたちの悩みの元になっているということもわかってきた。

そして、チームをうまく機能させ、人材を活躍・定着させるために、マネジャーがどのように行動すればいいのかも、少しずつ見えてきた。たとえば、次のようなことだ。

- **マネジャーは「人格者」でなくてもいい。**
- **マネジャーは「ヒトの管理」ではなく「コトの管理」をする役割。**
- **マネジャーは「コーチ」ではない。**
- **マネジャーは「方針」をしっかり語ることが何より大事。**
- **マネジャーは「決めること」に注意すれば、楽になる。**

詳しくは本文で説明するが、こうした一種の「割り切り」をすることで、筆者自身、マネジャーとして働くことがずいぶん楽になった。マネジャーの仕事が楽しくなった。

そして、自分の職場で実践してきたマネジメントの方法論を伝えることで、クライアント先の企業でも、よい変化がいくつも生まれたのだ。

本書は、そうした筆者自身の経験を踏まえて、チームをうまく機能させる上で本当に大切なことをまとめたものだ。できる限り「実践」を意識し、なじみのない用語は使わず、よくある事例をストーリーで語るなどの工夫もして、「地に足のついた」「腹に落ちる」説明を心がけた。

もちろん、マネジメントに「絶対」はない。その意味で本書も一つの指針にすぎない。私たちが生きているのは、激しく変化し、多様性に満ちた時代である。はっきりとした「正解」がない時代。右肩上がりの昔と違って、「こうすればうまくいく」保証はない。

しかし、だからこそ、主体的な意志と考えをもって、自ら「決める」ことが重要だ。

まわりのメンバーも、経営層も、マネジャーに「決める」ことを求めている。「決める」ことができれば、チームがうまく回りだす。

それだけではない。「決める」ことができれば、マネジャーの仕事はもっと楽しくなるのだ。

この本の構成

本書は四つの章から成っている。

第一章〈「決められない」マネジメント〉では、まず今日のマネジャーが置かれている状況や直面している問題を紹介し、その要因について考える。時代背景やマクロ環境を踏まえた視点を示す章であり、これからマネジャーをめざす人や、経営層や人事担当者など、マネジメント全般に関心のある人に向けての、いわば序論だ。「すぐに役立つ実践的な指針がほしい」という方は、飛ばして第二章や第三章から読み始めてもいいだろう。

第二章〈もはや通用しない「上司論」〉では、日本の企業社会に浸透している「上司たる者、かくあるべし」といった、典型的なイメージを紹介する。そして、これら旧来型の「上司論」が、現在はもはや十分に機能しなくなっており、むしろ今日のマネジャーの悩みを生む元凶となっていることを説明しよう。また、昨今流行の上司論についても、その限界や注意点を示す。ご自分のマネジメントスタイルを振り返ってみてほしい。

第三章〈マネジャーの役割を「決める」〉では、今日の職場で求められるマネジャーの役割を明らかにする。現実として多くのマネジャーが何をしているのか、そのどこにどんな問題があるのかを考えよう。マネジャーが多忙を極め、職場がうまく回らず、メンバーも疲弊する「ネガティブスパイラル」を抜け出し、個々のメンバーが自律的に動いて成果が上がり、マネジャーも楽しく働ける「ポジティブスパイラル」を生むには何が必要なのか。新しいマネジャー像が見えてくるはずだ。

最後の第四章〈実践「決める」マネジメント〉で、その新たなマネジャー像、すなわち〝「決める」マネジメント〟の具体的な手法を解説する。方針をうまく決めるコツや、上役やメンバーとの上手な接し方、失敗したときの対処法、もっておくべき心構えなど、「実践」にこだわって記述している。

本書は、マネジメントという大きな課題に挑む、または既にそれに取り組んでいる皆さんが、一段階レベルアップし、組織やチームをうまく動かしていけるようになるための本だ。

あなたの組織を今よりも明るくし、まわりの同僚たちがより充実感をもって働けるようにし、あなた自身も、マネジャーとしてイキイキと働けるようになるための本だ。

ぜひ、ご参考にしていただきたい。

リクルート　HCソリューションユニット　太田　芳徳

「決める」マネジメント——人を活かす職場をつくる◈目次

第1章

「決められない」マネジメント

ここ数年、ミドルマネジメント（中間管理職）関連のビジネス書が多数出版され、書店の店頭を賑わしている。それらは総じて、ミドル層・マネジャー層のあり方に疑問を示したり、警鐘を鳴らしたりするものだ。本書もそれをテーマとしている。

今日のマネジャーが直面している問題を明らかにするため、まず初めに、よく見られる状況を架空のストーリーとして見てみよう。

あるマネジャーの悩み――プロローグ

医薬品メーカーZ社。入社二〇年目のマネジャー、丸本啓太は悩んでいた。

金融危機に発する景気減速は著しい。Z社でも、基幹商品である一般薬品、後発ながら近年力を注いできた機能食品、いずれも販売は大きく落ち込んでいる。丸本が統括する営業一課第四グループは、二四半期つづけて目標を三〇%下回る業績しかあげていない。売上低迷に引きずられるようにメンバーの士気も下がっているように思える。丸本は危機感を募らせていた。グループのメンバーに檄を飛ばす。

「このままではまずい。もっとがんばらなければ……。皆、それぞれの目標を、改めてもう一度思い出してほしい。景気が悪くなっているのは確かだ。でも、それを言い訳にしていても何も始まらない。もっとがんばろう。いま一度、目標をしっかり意識しよう。必達という覚悟が大事だ。ベストを尽くしてほしい」

しかし、メンバー一六人の反応は鈍い。業績悪化に問題意識を感じている人は多そうだが、なんだかあきらめているように思えてならない。

＊

しばしば頭を抱える丸本に、隣の席にいるアシスタントの垣内亮子は言った。

「丸本さんの言うことは正しいと思うし、皆もきっとそう思っていると思います。でも、皆もそれぞれがんばっているし、目標も意識して、ベストを尽くしていると思いますよ」

「そりゃあ、がんばっていることはわかるんだけどね……」丸本は苦笑い。

「結果がすべてってことですか」

「すべてではないけど、やっぱり現状では厳しいな……」

「ただ、なんだか最近、グループ内の雰囲気が暗くなっていませんか？　私にはそれが気になります。ダメだダメだと言われて、モチベーションも下がってしまっているような」

「ううむ……」

彼女の言うことにも一理ある。丸本が目標を掲げて、熱い口調で皆を叱咤激励しても、かえってそれを重荷に感じてしまうようなメンバーが現にいるのだ。

＊

そんな中、丸本が頼りにしているのは現在トップ営業マンの大原浩介だ。

だがある日、エレベーターに乗り合わせた際、その大原がこんなことを口にした。

「4G（第四グループ）の業績が悪い、って他部署からも言われているみたいですね」

「ああ、言われている。肩身が狭いよ。どのグループも厳しい状況だけど、下げ幅としては4Gがいちばんだからね……」丸本は疲れを隠さずに応えた。

「はっきり言って――」大原は言う。「グループのなかでも差が開いていますよね。僕はこれでも前期の売上は増加しましたし、今期だって〝微減〟程度です。金額でいえばグループ全体の三〇％を僕が売っています。一方で、目標の半分にも届いていない、渡辺や穂積先輩のようなメンバーもいますよね。それで他の部署の人間からは『4Gは業績が悪い』と見られていますし、僕もその不振チームの一員として見られます。正直、残念だし、つらいですね」

〝できない人々〟と一緒にいるとモチベーションが下がるということだ。

ハイパフォーマーの大原からそう言われたことは、丸本にとって結構なショックだった。

＊

また、ある日の夕方、オフィスを出たあと忘れ物をとりに戻った丸本は、若手の部下二人が愚痴を言い合っているのを耳にした。

「結局、マネジメントが機能していないんだよね」

「そうそう。まともに指示を出してくれないから、何をやっても中途半端」

思わず丸本は物影に身をひそめて聞き耳を立てた。まだ入社二、三年目の若者たちだ。なんだか覇気がない、言葉づかいもなっていない未熟な若者たちだが……。

「どこに向かうのかが見えない感じなんだよな」

「そうそう。数値目標が大事なのはわかっているけど、『どうだ？』『どうなってる？』『がんばってくれ』だけじゃ、やる気が出ないよ」

「おれたちは皆、朝から晩まで駆けずりまわってるんだからさ。そんなに言うなら、丸本さんが自分で売ってきてほしいよ」

「案外、昔、たいして売れてなかったんじゃないの？　あの人」

なんて生意気な——。丸本は腹立たしい思いがした。マネジャーの苦労など何もわからない連中が、自分を小バカにしている。こういう連中は、わかったような口をきくものの、少し難しい仕事をさせるとすぐ弱音を吐くし、失敗するとすぐ落ち込む。叱ったら逆に腹を立て、「この仕事に向かない」などと言ったりするのだ。

しかし一方で、やはり情けない思いもした。夢をもって入社してきたにちがいない若手社員が、最初に配属されたこのグループですでに、影で愚痴を言うような社員になってしまっている。それは最終的には上司である自分の責任なのだ——。

「おれ、転職活動しようと思ってるんだ。大学時代の同級生が、うまくやっててさ」

「そうそう大原先輩も、ヘッドハンティング会社から声かかったって言ってたよ。売れてるあの人が出てったら、ほんと、４Ｇはおしまいだな」

＊

「こんなときだからこそ、チームが一丸となってがんばらなければならないのに、メンバーの考えていることはバラバラ。やる気のある人もいればない人もいるし、二言目には職場環境がどうとか、マネジメントがどうとか言い出す連中もいる。不平不満が蔓延していて、前向きに努力するムードになっていない。目標は明確に数字で示し、一人ひとりの担当分も割り振っている。くり返し語って、激励しているし、アドバイスもしているつもりだ。それなのに、なぜこうもうまくいかないのだろう」

悩みを抱えた丸本は、かつての上司である別所部長の机をたずねた。若き日の丸本を厳しく鍛え、時に酒を酌み交わしながら教え諭してくれた恩人だ。

丸本がひとしきり問題について話すと、別所部長はしばらく腕組みをして考えた。

「……世の中、言って聞かせればすぐ伝わるお前のような奴もいれば、何度言ってもわからない奴もいるからなあ。そこは身をもって模範を示しながら、意気込みを見せるしかないだろう。そういう意味では、丸本自身が戦場に出ていくことも大事だろう。やるべきことをやるしかないんだよ。きちんと毎日やっていれば、必ず結果は出て来るんだ。そして忘れてはいけないのが、部下のケアだよ。『がんばれ』と言うだけではだめだ。しっかりとケアして、ねぎらってやることだ。……それもそうと、ちょっと今日、飲みに行くか？」

ありがたい誘いだったが、丸本は「仕事が立て込んでいますので」と断った。別所部長の厚意はわかるが、彼の言葉は今の丸本のグループにとって役に立ちそうになかった。

＊

別所部長と別れてそのまま会社を出た丸本は、ふと近くの書店に立ち寄ってみた。

忙しさから最近めっきり読書の量が減っていたが、自分がいま直面している壁を乗り越えるには、何か自分以外のものからの視点が必要なように思えた。まっすぐにビジネス書のコーナーへ向かう。見れば、マネジメントに関する本はいくつもある。が、パラパラと立ち読みしてみれば、抽象的な言葉を羅列したものが多く、丸本には漠然としたものに思えてならない。

目にとまったのは『これならできる　マネジメントの基本』という本。長年、管理職として大企業で勤めてきた著者が書いた、しっかりしているがわかりやすい本のようだ。

「どれどれ……《部下にすぐに答えを与えず、考えさせろ》か。なるほど……たしかに、おれは皆に対してすぐに答えを言いすぎかもしれない。彼ら自身が自律的に考えることも大切だよな。……《部下の話を傾聴し、コーチングする》か。これも、言われてみればもっともな気がするなあ……。よし」

＊

翌週の定例ミーティング。そこには、チームワークをもっと重視し、目標に向かって一致団結してがんばっていこうと訴え、メンバー皆にアイデアを求め、一人ひとりの意見に耳を傾ける丸本マネジャーの姿があった。

チーム営業の方針について議論がつづいていたとき、大原が言った。

「そもそも、どうしてチームで営業しなければいけないんですか？」

「えっ？」意外な質問に丸本は即答できない。

「なぜ、個人でなく、チームで営業しなければいけないんですか？」

「……」

メンバー全員が沈黙した。丸本は努めて冷静を装った。大切なのは……そうだ、「傾聴」だ。

「どういう意見なのか、聴かせてくれるかな」

「丸本さん、以前は《一人ひとりが自律的に活躍する組織》をめざす、と言っていませんでしたっけ？　個人で受注とれるなら、それでいいじゃないですか。僕はそう思います」

大原は、現在のグループの状況に対する不満も含めて、長々としゃべった。

以前の丸本なら、堪忍袋の緒が切れて、怒鳴りつけたかもしれない。だが、頭ごなしにしかりつけるのは得策でない。言い分をよく聴き、理解を示すことが大切なのだ――。

昨日読んだ本にあった「コーチング」の章をまた思い出す。

「……なるほど。そうか、君はそう思うのか。……本当にそれでいいと思うのかな？」

「はい。いいと思います。それ以外に何があるんですか？」

「いや、やっぱりチームだからさ、チームで営業するのは大事だと思うんだ」

「チームだからチームワークが大事って言われても……。各個人で顧客をそれぞれ担当して、それぞれに目標数値を持たされているんですよ」

「それはそうとも言えるが、しかし……」

丸本の言葉はそこから続かなかった。丸本自身、明快な答えを持てずにいたのだ。

たしかにそうだ。数値目標は個人に持たせていて、個人はその数値目標を追うことが求められている。自分もそれを個人に求め、檄をとばしていた。考えてみれば、グループ全体の数字の責任は自分にしかなく、大原の評価は大原の目標達成の状態で決まってゆくのだ。


沈黙を破るためか、だれかが何か話すべきだという空気を察してか、先日自分のことを影口していた若手の一人が、口を開いた。

「あの、言いにくいんですけど、僕たちは、何をやるのが大事なんですか？」

何を言っているんだ、と丸本はまた怒りがこみ上げてきた。さらに場をかき乱すようなことを平然と言ってくる。だが、傾聴が大事だ。彼の意見も聞いてみよう。丸本は努めて落ち着いた口調で応える。

「何って、営業だから目標数字の達成じゃないのか。……君はどう思うんだ?」

「はい。当然、数字ですけど。ただ、そのために何をやるのが大事なのかなあ、と」

「そりゃ君、顧客のために行動することだよ」

「ええ、それもわかっているつもりです。顧客のためを考え、こまめに訪問し、提案を固めて受注につなげる。それもわかりますが、それをやるための方針というか、何をするかが見えないんです」

「そんなの、個々の顧客によって事情が違うんだから、方針といっても一概には……一社一社、顧客のことを考えて、顧客のためになることをやるんだよ」

「でも、A商品の強化、B商品のキャンペーンなど、いろいろとやらなくてはいけないこともありますよね。しかも、それは〝当社のやりたいこと〟ですよね。〝顧客のため〟とは言い切れないと思います。だから、もっと何というか、優先順位をつけたりしたほうがいいと思うんですが……」

「……」

気まずい沈黙が場を支配し、「戦略会議」の熱気はみるみるうちに冷めていった。

＊

――駅から自宅への帰り道、丸本は一人、肩を落として歩いていた。

努力はしている。それは間違いない。メンバー一人ひとりに気を使い、上からの評価にびくびくしながら、目標を掲げ、皆を励まし、意見に耳を傾ける。だが実態は、業績はますます不振、メンバーのモチベーションは低迷、その責任を負わされて、若手からは突き上げられる。

だが、この日の会議のなかで、丸本はあることに気づいていた。

「言われてみれば、たしかに自分は、つまるところ、上から言われた目標数値をグループメンバー個々人に割り当てているだけだ。そしてその進捗状況を聞いて、励ますだけだった。それ以上のことは意識してこなかった」

ビジョンや方針が見えない、という若手の遠慮ない指摘は、あながち的外れでもないのである。そもそもそれは、丸本にとって考慮の対象外にあることだった。

「しかし、どうすればいいんだろう？　自分のような中間管理職が上の意向を無視して勝手な行動をとることなどできないし、《さらなる顧客価値の創造》のようなスローガンを考えるのが自分の役割だとも思えない。かといって、今の状態を放置していたら事態は悪くなる一方だろう。コーチングだ傾聴だとメンバーの声ばかり聞いていてもやるべきことをさせられないし、部下に考えさせようとしても彼らは前向きに考えないし、第一、勝手に考えさせたら何を言い出すかわからない。いったい、どうすればいいんだ?」

1 マネジャーが機能不全に陥っている

この架空のストーリーを読んで、読者の皆さんはどう感じただろうか。

多かれ少なかれ、ご自身のおかれた状況や、周囲で目にするミドルマネジャーの状況に近いものを感じていただけたのではないだろうか。筆者はコンサルタントとして多くの企業の人事部門の方や事業責任者、現場のミドルの方々とお話をする機会が多いが、このようなミドル層の悩みや問題は多くの企業に共通して見られる。

日本企業におけるマネジャー層の疲弊――〝ミドルの空洞化〟を、一〇〇〇人アンケートなどをもとに多面的に描き出した『中堅崩壊』（野田稔＋ミドルマネジメント研究会著、ダイヤモンド社、二〇〇八年）によれば、「部下への接し方がわからない」「リーダーシップをとれない」といった機能不全の管理職が増加しているという。

また、ミドル＆ジュニア一〇〇〇人アンケート調査では、**「上の世代・下の世代に比べて、仕事の責務が集中している」と感じるミドル層が増えているという結果が出ている。特に「仕事の役割が広すぎる」と感じているミドルは七〇％、「業務の量が多すぎる」も六五％と非常に高い。**

もっとも、従来からミドルマネジャーの役割は幅広い。まず、ミドルマネジャーは「トップマネジメントの考える方針」と「現場のリアリティ」をつなぐ、社内の縦のコミュニケーションの結節点としての役割を担う。日本企業においては、いわゆるミドルアップダウン型の組織運営のなかで、イノベーションの起点としての役割も担ってきた。さらに部門間での調整、すなわち組織の横のコミュニケーションもミドルの重要な役割だ。つまり、もともと心理的負荷・業務的負荷が高いのだ。過去の同様のデータがないため、一概に昔よりも負荷が高まっているとは言い切れない。

図1●「上の世代・下の世代に比べて、あなた方の世代に責務が集中していると思いますか」

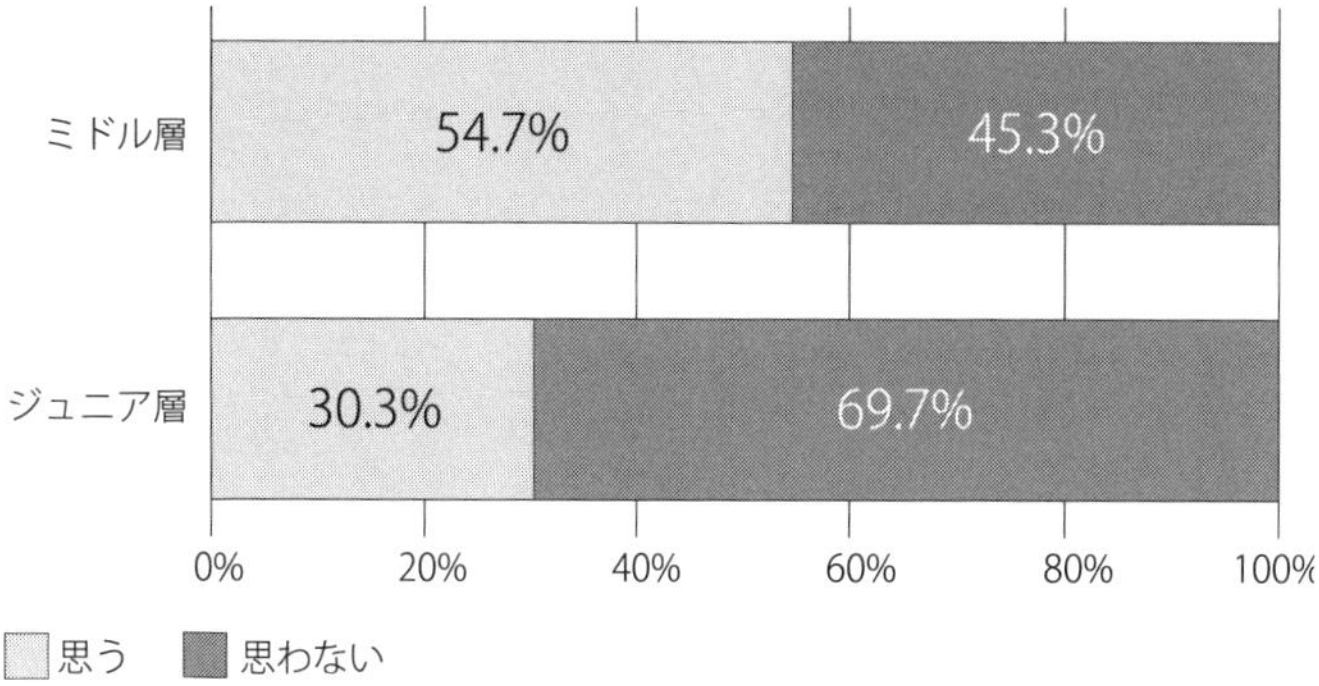

出典：『中堅崩壊』（野田稔＋ミドルマネジメント研究会著、ダイヤモンド社、2008年）

図2●「責務が集中していると思う場合、それは特にどのような点で感じますか」

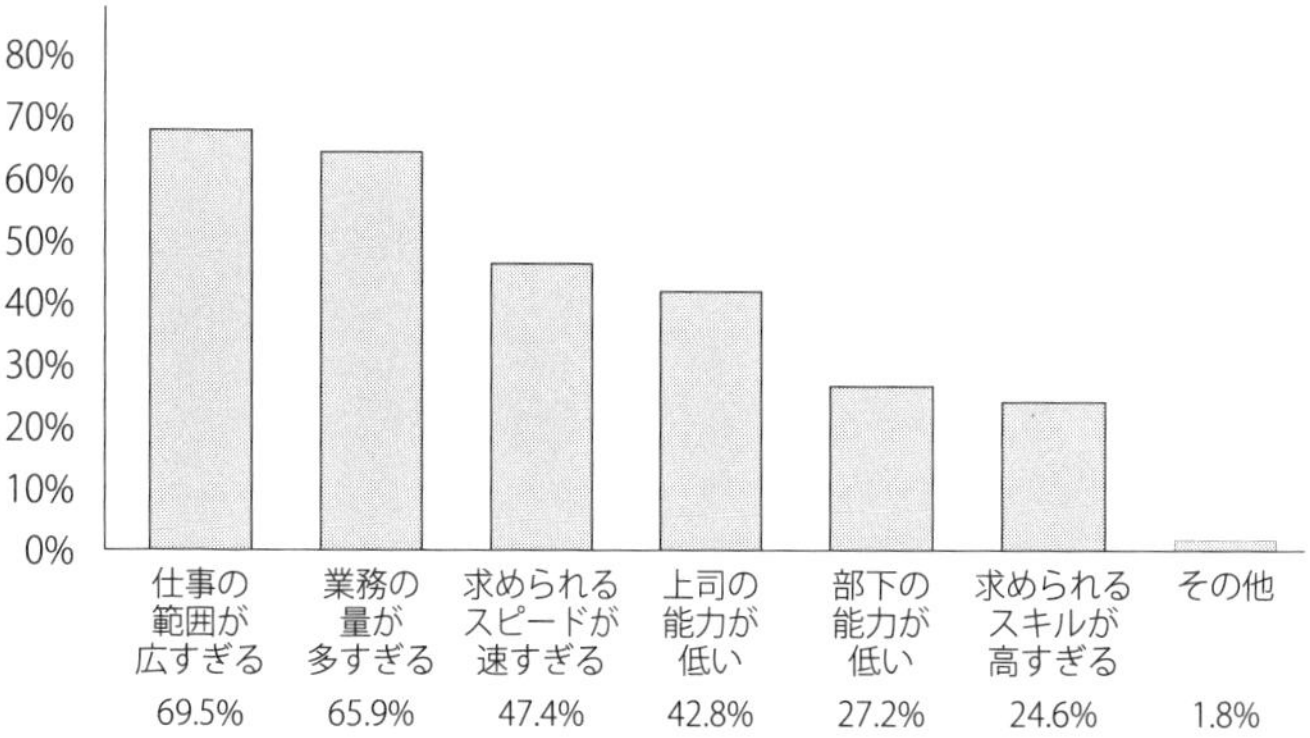

出典：『中堅崩壊』（野田稔＋ミドルマネジメント研究会著、ダイヤモンド社、2008年）

とはいえ、このアンケートで見られた、心理的負荷の高さを訴えるマネジャーの多さは、何らかの問題があることを示唆しているようだ。

データから浮かび上がってくるのは、業務を量的・質的にうまくこなせずに悩むミドルマネジャーの姿である。これは筆者自身も、組織開発のコンサルティングサービスを行うなかで日々感じていることだ。**多くの企業で、まじめに仕事に取り組み、真摯に部下と向き合いながらも、なんとなく「うまくいっていない」感覚を覚え、事態を改善できず、どうすればよいかわからず苦しんでいる大勢のマネジャーたちに出会ってきた。**

②決められないマネジメントが、メンバーの意欲を阻害する

ミドルマネジャーが組織の縦横のコミュニケーションをつなぐ結節点である以上、ミドルの機能不全は、組織全体のパフォーマンスに深い影響を与える。**「マネジャーの問題」は、確実にそのマネジャーの下で働く「社員の問題」にもつながるのだ。**

「三年で三割がやめる」といわれるように、新卒採用された人材が定着・活躍しないという問題が指摘されるようになって久しいが、人材の活気や意欲にマネジメントが与える影響は大きい。

悩みを抱えるマネジャーが多いのと同様に、その下で働くメンバーもまた迷っている。やるべき業務は増え、個々の業務プロセスと結果の関連が見えにくくなっている。また、結果主義、数値主義の人事評価の運用のなかで、目に見える結果を出すことを求められる。そうしたなかで、何を努力することが成果につながるのかが見えにくくなり、自分が担っている業務の社会や事業における意義・意味が見えにくくなっているのだ。

そうした変化が、若年ビジネスパーソンのモチベーションの低下や、メンタル面での問題を訴える社員の増加、さらには、退職・流出といった問題につながっているようだ。せっかく採用した人材の、戦力化や定着に問題を抱える企業は多い。職場運営の機能不全によって意欲が低下し、転職を考えるようになるのは、架空ストーリーに出てきた「大原先輩」だけではないのである。

メンバーの意欲や行動に対するミドルマネジャーの影響を示したデータを紹介したい。

図3は、筆者の所属するリクルートHCソリューションユニットが、二〇〇八年に一般ビジネスパーソンを対象に実施した調査の分析結果である。この調査では、「企業の人事施策」「個人の満足度」「リテンション」「個人・組織のパフォーマンス」などについて三〇〇問あまりの質問を設け、その因果関係を分析した（詳しい調査内容や分析方法については章末の解説をご覧いただきたい）。矢印の太さや数値が、因果関係の強さを表している。

ここでいう「リテンション」とは、個人の勤続意欲のことを意味する。「組織のパフォーマンス」は、上位方針や顧客のニーズ、市場の変化をとらえて、中長期的なめざす姿に向けて試行錯誤する、相互に学びあう、チャレンジする、決めたことをやりきる、といった活動の度合いを示す。「個人のパフォーマンス」は、個人が自発的に成果を生み出すための試行錯誤を行っているか、また自らの能力を高めるために学びつづけているか、などを示している。

分析結果から読み取れるのは、**リテンション、個人・組織のパフォーマンスを高める上では、「仕事に感じる価値、やりがい」と「職場の信頼関係」、特に後者がポイントとなる**ということだ。

また、「職場の信頼」には、「（入社後の）職場でのコミュニケーション」が強く影響することが読み取れる。図には示していないが、さらに詳細な分析からは、「職場でのコミュニケーション」のなかでも特にマネジャーによる「目的・目標の共有」「評価フィードバックの納得感」が強く影響することが明らかとなった。**目標や方針をしっかり決めないマネジメントが行われていると、職場の信頼関係は低下する。**

このように、**ミドルマネジャーの職場運営の巧拙や機能状況によって、メンバーのパフォーマンスやリテンションはかなりの影響を受けるのだ。**まえがきでも述べたが、本書執筆のきっかけとなった問題意識はここにある。

「三年で三割」の原因として、しばしば「最近の若者は忍耐力がない」といった世代論的な見方の

図3●個人の満足度やリテンション、パフォーマンスと人事施策の因果関係

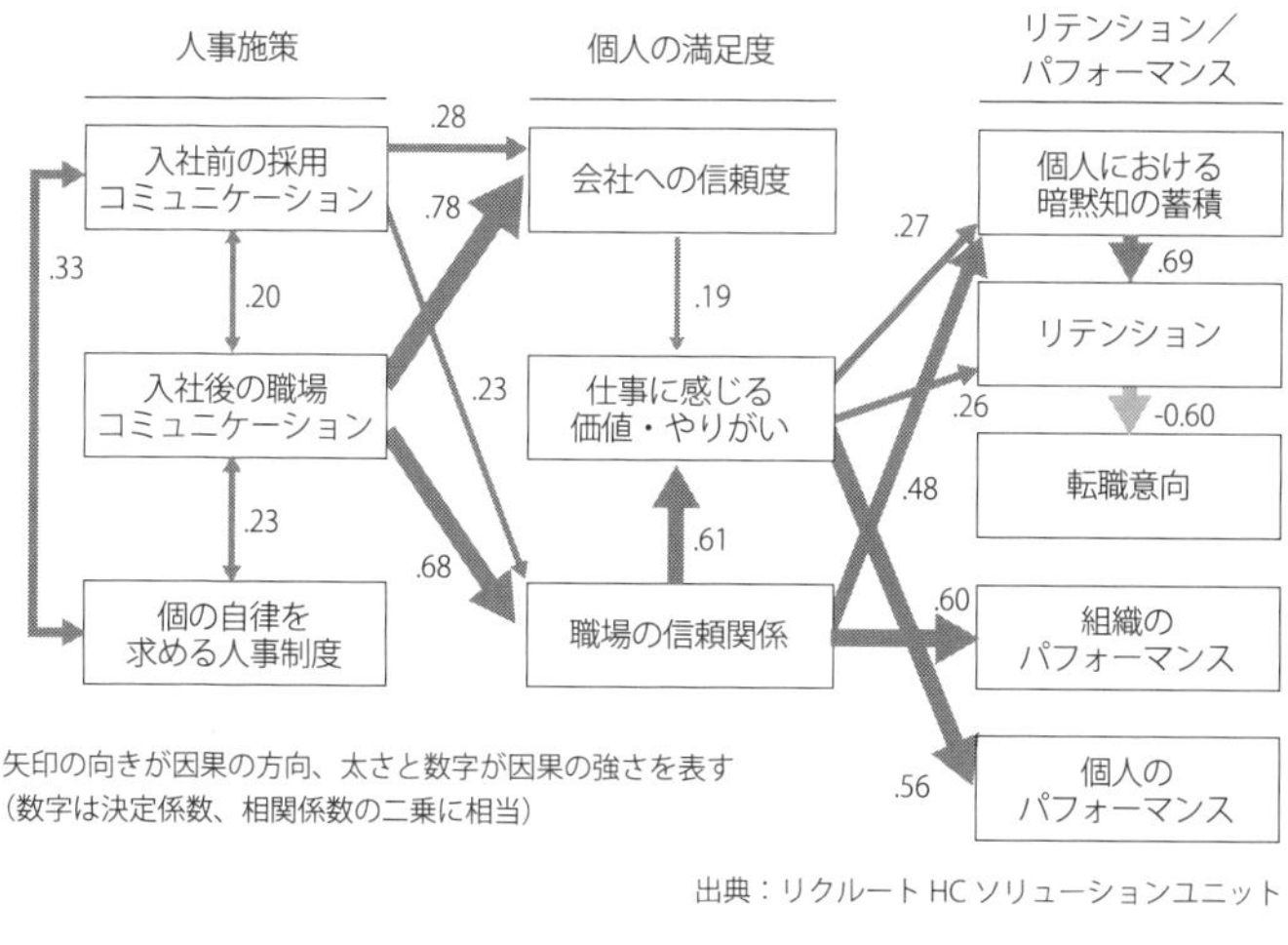

出典：リクルートHCソリューションユニット

もと、新入社員側の問題が指摘されることも多い。しかし私たちのデータから見えてくるのは、必ずしもそれだけではないということだ。

このデータの結果を言いかえれば、**それなりのコストや労力をかけて採用した人材を活かせずに離職させてしまうか、うまく活かして定着させられるかは、マネジャー次第なのである。**もちろん、リテンションには採用段階の問題も絡みうる（そもそも適切な人を選べているかどうかなど）。しかし採用したあとでその人材を活かすのは、つねに現場のマネジャーの課題である。

3 「マネジャーの問題」ではなく「マネジメント機能の問題」

このように、職場の信頼関係や人材の意欲にも深く関わる「ミドルマネジャーの問題」は、いったい何が原因で生じているのだろうか。

まず考えられるのが、「マネジャー個人の力量」である。

「最近の中間管理職は新しい事業を生み出そうという気概が足りない」「人材が小粒になった」「ミドルがマネジメントの役割を果たしていない」……さまざまな企業の経営者や、人事の方からうかがう話である。**しかし、ミドルマネジャーが機能しない要因をミドルマネジャー自身に求めるのは、視野狭窄にすぎる。**

たとえば、ミドルマネジャーの一つ上の層に目を向けてみると、その層にも同じような問題が生じていることが多い。筆者がクライアント企業に対してコンサルティングを行うなかでも、それに気がつくことがしばしばある。

「うちの会社は、課長の動きが鈍いのが問題です」と言う経営者に、
「それは、ひょっとして部長に問題があるのではないでしょうか？」と質問すると、
「なるほど、そうです。部長にも問題があります！」
という答えが返ってくることが多いのだ。

方針を示せない課長の上には、えてして方針を示していない部長がいる。そして、部長の問題の原因を調べていくと、役員や経営者の行動やコミュニケーションに問題があることも少なくない。

人事制度や業績管理の仕組みやその運用上に、ねじれや歪みが発見される場合も多い。

このように、**ミドルの機能不全は組織全体の役割の連鎖のなかで起きている問題であり、「マネジャーの問題」というより、会社の「マネジメント機能の問題」としてとらえるべきものだ。**

さらに、この問題が生じた背景には、多くの企業に共通する構造的・環境的要因があるようにも思われる。

一九九〇年代以降、日本企業を取り巻く事業環境や組織構造が大きく変化したことで、ミドルマネジャーが果たすべき役割は大きく変化している。しかし一方で、過去、日本において培われ、語り継がれ、人事制度やさまざまな慣行に反映されてきた「上司像」や「管理職像」の見直しはほとんど行われていない。「上司とはこういうものだ」という昔の考え方が根強く残っているのだ。

環境が変化し、マネジャーに求められるものが変化したにもかかわらず、人々が思い描く上司像は過去を引きずりつづけている。このズレのなかでマネジメントが機能不全に陥り、組織の活力がそがれ、現場のメンバーの戦力化や定着ができないという問題が生じているのだ。

4 機能不全の背景にあるもの

では、マネジメントの機能不全を引き起こしているのは、どのような環境変化なのだろうか。

まず、事業環境の変化とそれがマネジメントに与えたインパクトについて考えてみよう。

日本企業を取り巻く事業環境は、バブル崩壊以前と以後で大きく変化した。古くは高度成長期から、何度かの不況はあったものの、一貫して日本の市場は拡大を続けてきた。しかし、失われた一〇年（あるいは一五年）という停滞期を経て、一部の若年層向けの市場は人口減少に伴って縮小を始めている。たとえば、日本における自動車新車販売台数は一九九〇年をピークに減少傾向が続いている。また、インターネットなどの影響もあるだろうが、新聞や書籍の販売数も減少傾向にある。**「右肩上がりの成長」と「停滞または縮小」の違いは非常に大きい。**

バブル以前の日本企業の人材マネジメントは、「成長する市場」を前提に、組織も成長しつづけ、給与も安定的に増えていく、定期昇給やベア（ベースアップ）に代表される慣行を数多く備えていた。しかし、九〇年代以降の「停滞する市場」においては、それを維持することはコスト構造を圧迫しうる。そのため多くの企業で是正がはかられた。新卒採用の抑制や、賃金の年功制の抑制（いわゆる成果主義の導入など）、組織のフラット化などの施策は、多かれ少なかれ、こうした背景で行われたものだ。

また、この時期に並行して進んだ、経済のグローバル化と技術革新の加速も、企業経営に大きな影響を与えた。一九八九年のベルリンの壁崩壊、一九九二年になされた中国の市場経済化路線の確定など、東西に分断されていた市場が統合されはじめたのが九〇年代初頭である。海外市場といえばアメリカと西欧諸国くらいしかなかった世界が、急激に広がったのだ。貿易規制や投資規制の自由化も、それに並行して急速に進んだ。その結果、世界中が市場となり、また同時に世界中の企業と競争しなければならない、グローバル経済の時代になったのである。

さらに、インターネットに代表されるＩＴの進化とそのビジネスへの適用が一気に進んだのも九〇年代以降だ。やや古いが、「ドッグイヤー（犬の寿命一歳分が人間の数歳分に相当することから、現代の一年がかつての数年に匹敵することを表現した言葉。二〇〇〇年前後のインターネットバブル期によく使われた)」という言葉があるように、かつての数倍のスピードで技術が変化し、それに伴って社会のあり方や消費者のニーズ、企業の競争のあり方が変化するスピードも劇的に上がった。

こうした環境変化は、わずか二〇年ほどの間に起こったことだ。日本企業はこれに対応するため、組織のあり方や人事制度、従業員の構成、仕事のやり方など、多くのことを見直してきた。しかし、そんななかでミドルマネジャーの役割だけは根本的な見直しが行われなかった。

環境や組織構造が変わったのに自分の役割は変わらないのだから、必然的に、多くのマネジャーが環境や構造に適応できなくなった。その具体的な例は第2章で詳述するが、その前に、こうした「事業環境の変化」とそれに応じて生じた「組織構造の変化」が、マネジメントにどんな影響をもたらしたのかを順に見ていこう。

どうすればいいか見えない市場

事業環境の変化がもたらした影響から見ていこう。まず大きな点として、**「どうすれば勝てるのかがわかりやすい」時代から、「どうすれば勝てるのかがわかりにくい」時代に変わった**ということがあげられる。右上がりの市場拡大期には、事業を伸ばすための打ち手は比較的明快だった。しかし今日の環境では、そうではなくなっているのだ。

かつては「どうやって勝つか」がわかりやすかった。過去に成功した施策をくり返したり、同業他社の取り組みを模倣したりすることで、ビジネスを伸ばしていくことが可能だった。また、顧客ニーズが現在ほど多様でなかったため、同じような商品やサービスを大量に提供すること、つまり社員の皆が同じような活動に取り組むことで、成果を上げられた。

そのため、ミドルマネジャーの主たる役割は、経営層から示された目標数字を部門単位、チーム単位、個人単位に割り振り、その遂行に向けて組織メンバーを鼓舞することだった。「どれだけやるか」を示すことが主だったのである。「何をやるか」「どうやるか」「それはなぜか」は、経営トップや上司、競合企業が示してくれた。ミドルは「どれだけ」に集中して、メンバーをマネジメントしていけば良かったのだ。だが、このような環境はもはや過去のものである。

現在は、何が成功につながるか、経営トップであっても確信が持てない状態だ。他社と差別化していくこと、また、市場に存在しない商品・サービスや技術、ビジネスモデルを新たに生み出すことが、業界や規模を問わず、どの企業にも必要になっている。また、市場セグメントごと、極端に言えば個々の顧客ごとにニーズや課題は異なっているため、個々の現場で「**自分たちの**顧客にとっては」「**自分たちの**担う分野では」どのような価値を生み出すことが望ましいのかを考え、実践を通じて学んでいくことが求められている。

また、市場そのものがつねに変化しているのも重要な点だ。規制緩和、グローバルな貿易の増加、技術の進化のスピードアップなどに伴って、「どうすれば勝てるのか」は日々変化してしまうのだ。

こうした現在の状況では、「どれだけやるか」を考えるだけでは、マネジメントは機能しない。勝ち方がわからず、変化しつづける市場においては、「**どれだけやるか**」だけでなく、「**何をやるか**」「**どのようにやるか**」「**なぜそうするのか**」**といった、異なる問題に対処することが、マネジャーに求められているのである。**

市場・技術の変化に伴う、仕事の変化

もう一つの大きな点としてあげられるのが、仕事そのものが変化したことだ。日本市場が低成長、

将来は縮小傾向にあること、またベルリンの壁の崩壊以降、旧共産圏の国家がグローバル市場に組み込まれたことや、新興工業国が台頭したことによって、世界全体が供給過剰になっている。

その結果、**「良い製品を作れば売れる」時代から、「相手にとっての価値を訴求しなければ売れない」時代になった。**これを受けて組織のなかのさまざまな仕事のあり方も変化してきている。

たとえば、多くの営業現場では、「商品の良さを伝える、プロダクトアウト的な営業スタイル」から、「相手の問題を自社の商品を用いて解決する、問題解決型の営業スタイル」に売り方自体が変化している。また企画部門や開発部門においては、商品そのものや、その提供の仕方、作り方、ビジネスモデルなどにおいてイノベーションを起こし、他社と差別化していくことが非常に重要になっている。このことは、後に述べる非正規社員の活用ともあいまって、正社員に求められる仕事の質の変化につながっている。

また、ＩＴに代表される技術の変化も「仕事」を大きく変えた。かつては全員が同じ場所に集まって仕事をし、電話で顧客や取引先とコミュニケーションをとるという、「顔が見える職場」、そして「互いの仕事ぶりが見える職場」だった。しかし、インターネットや情報システムの普及により、どこでも仕事ができ、コミュニケーションが迅速にとれるようになった反面、**互いの仕事ぶりが見えにくい状況になっている。**さらに、BPR（ビジネスプロセス・リエンジニアリング）やアウトソーシングによって業務プロセスが見直されたり、外部に委託されたりすることで、**業務全体のつながりが見えにくい状況も生まれている。**

このことは、ミドルマネジャーの仕事に二つの点で影響を与える。一つは、自分が積んできた業務経験が活かしにくくなるということだ。もう一つは、部下の仕事ぶりを観察する機会や、部下に自身の仕事ぶりを見せる機会が減少しているということである。**「経験」を基盤にした意思決定や指導が、機能しにくい状況になっているのだ。**

組織構造のフラット化

次に、組織構造の変化に目を向けてみよう。急速に変化する市場に対応するために、多くの企業で、意思決定の階層が簡素化され、よりフラットな組織への構造転換が行われた。「ピラミッド型から文鎮型へ」といったフレーズが多くの企業で聞かれた。

この構造転換には、マネジャー数の削減という意味合いもあった。バブル崩壊以降、日本企業の人事部門が直面したのは、人件費を抑えて固定費を削減することでコスト構造の改善に貢献するという課題だった。報酬の年功性を抑えたり、正社員の雇用を抑制して非正規社員で代替したりする取り組みと並行して、マネジャーの人数を削減することで総人件費を引き下げようとしたのだ。

このように「市場の変化スピードへの対応」と「人件費の抑制」という目的で行われた**組織のフラット化は、「マネジメントスパンの拡大」という結果を生んだ。簡単にいえば、一人のマネジャーがマネジメントするメンバーの人数が増大したということだ。**必然的に、マネジャーがメンバー一人あたりに割ける時間は減少する。

また、もう一つの影響として、**「先輩－後輩間で教えあう**

図4●ピラミッド型組織から文鎮型組織へ

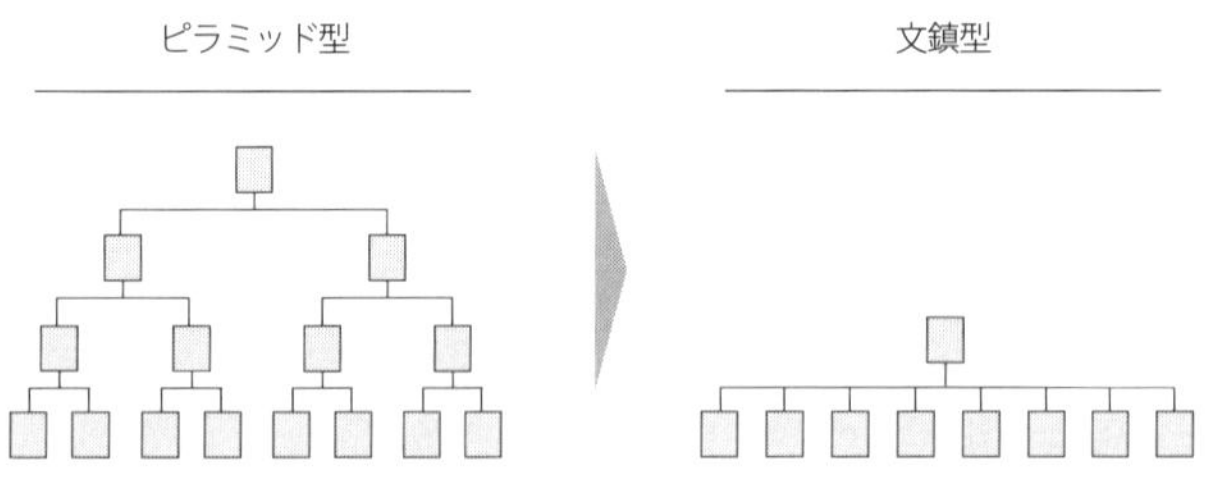

関係」が希薄化したことがあげられる。かつては課長－係長－主任－担当者といった階層のなかで、先輩が後進を指導するのが当たり前だったが、課長の下にずらりと全員が並ぶようになったことで、育成の役割をだれがどのように担うのかが曖昧になったのだ。このことは、マネジャーにかかる負荷を、結果的に高めたといえるだろう。

組織における年齢構成の変化

次に、組織を構成する人材の年齢構成の変化に着目したい。ミドルの機能不全の一つの大きな要因として、年齢構成の変化があげられる。バブル時代に大量採用された世代が現在三〇代後半～四〇代のミドル層になっている一方で、バブル崩壊後の採用抑制により、現在の二〇代後半～三〇代中頃の人員は少ないケースが多い。若い人ほど人数が多かった昔のピラミッド構造とは大きく異なっているのだ（図5）。

図5●年齢構成の変化

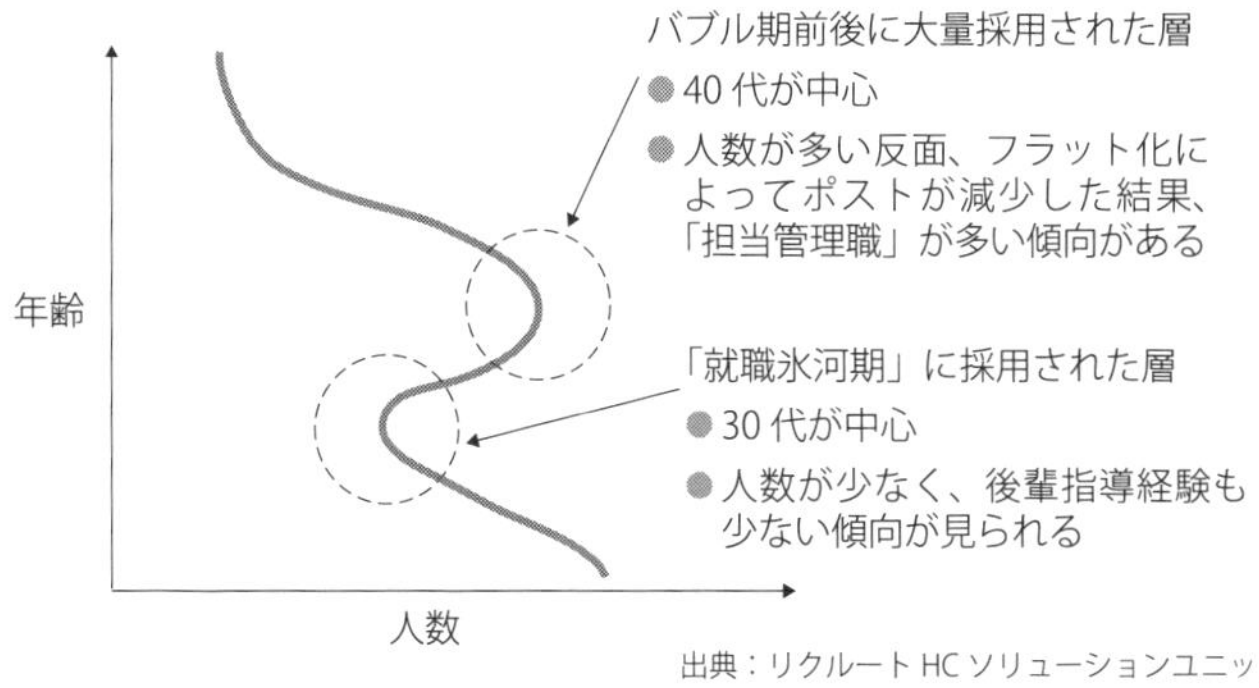
バブル期前後に大量採用された層
● 40代が中心
● 人数が多い反面、フラット化によってポストが減少した結果、「担当管理職」が多い傾向がある
年齢
「就職氷河期」に採用された層
● 30代が中心
● 人数が少なく、後輩指導経験も少ない傾向が見られる
人数

出典：リクルートHCソリューションユニット

こうした組織構造の変化は、ミドルにどのような変化をもたらしたのだろうか。

まず、**バブル時代に大量採用された層の多くが、名目上の管理職になっている**ことがあげられる。具体的には、「部長」や「課長」とは別に「担当部長」「担当課長」といった肩書きをもつ管理職のことだ。今では大半の大企業に存在する。

こうした「担当管理職」——名目上の管理職が生まれた背景には、日本企業における年功的な組織管理の慣行がある。「一定の年齢になれば、一定のポジションにつくものだ」という見方にもとづく慣行だ。これは、年齢に応じて社員各人を管理職のポジションにつけることで、年相応の社会的地位や、育児や教育にかかる費用に見合う生活給を担保する意図を含んでおり、多くの企業で、公式に語られることはないが、制度設計や運用上の配慮として暗黙的に維持されている。

近年、組織のフラット化が進み、管理職ポジションは減少したが、こうした人事慣行があるため、人数の多いミドル層の人員それぞれに管理職ポジションを与える必要がある。そこで生み出されたのが、「担当管理職」である。

「担当部長」や「担当課長」には、明確に「担当」するものが決まっていないことも多い。また、組織の意思決定における権限も不明確なことが多い。いわゆるライン管理職（「担当」ではない管理職）と、担当管理職たちとの間で、だれが何を決める役割なのかが曖昧なのである。

いわゆるライン管理職よりも年上の担当管理職がメンバーとしていることも珍しくない。いわゆる「年上の部下」だが、担当管理職も同じ「管理職」であることや、「年長者を敬う」という社会的価値観から、その関係は曖昧なものになりがちだ。

担当管理職の「担当が不明確」であることがもたらす組織運営上の弊害は大きい。マネジャー本来の役割が不明確になり、組織内コミュニケーションが不明瞭になったり、一貫性が損なわれたりすることで、組織全体の士気・モチベーションにネガティブな影響を与えてしまうのだ。

また、年齢構成の変化によるもう一つの影響として、マネジャーと新入社員層との間の中堅層が減少したことにより、マネジャーの負荷が高まっている面も指摘できるだろう。二〇〇〇年代後半の業績好調を受けて新卒採用が盛んに行われたため、多くの若手が新たに組織に加わった企業が多いと思われるが、そうした**若手とマネジャーの間をつなぐ中堅層は、バブル崩壊後の採用抑制によって極端に人数が少ない。**また、採用抑制の結果、彼ら自身が後輩を指導、育成する機会をあまり与えられず、人材育成スキルを十分に習得できていないケースが多い。そのため、マネジャーに負荷が集中しがちになる。

それに加えて、**現場とマネジャーの年齢差が大きくなっている**ことにより、意識のズレやコミュニケーションのギャップも生じやすいと思われる。「戦略（経営）」と「現場（実行）」が乖離してしまえば、良い結果など得られるはずもない。

「結果主義」の横行

人事慣行上の変化もある。先述したように、バブル崩壊後、人件費抑制の一環として、報酬の年功性を抑え、企業や個人の業績と報酬の連動性を高める取り組みが行われた。勤続年数によって（半ば）自動的に給与が上がっていく程度を抑え、企業業績に総人件費を変動させる仕組みや、個人の業績に応じて昇級額や給与そのものが上下する仕組みを導入したのである。

こうした、いわゆる「成果主義」の試みは、右肩上がりの成長から低成長・縮小に転じる日本の市場において、人件費総額を一定比率に抑え、また限られた原資を有効に配分する試みだった。

しかし、**残念ながら「成果主義」の導入は、現場での意図せざる「結果主義」の横行を招いた面がある。人事評価を行う基準として、目に見える「成果」に注目が集まった結果、定量的に測定できる業績を上げることだけに個人の意識が向いてしまい、人材育成や業務の質を高めるといった、一見、成果が見えにくい役割が軽視されがちになったのだ。**

このことは、マネジャーの行動にも影響を与えている。

まず、マネジャー自身が短期的視点に陥りがちだということがあげられる。マネジャーの評価が各期の目に見える「成果」で行われるため、数年かけて一つの仕事を仕上げるとか、一年後、数年後を想定した仕掛けや変革の種まきをしておくといった取り組みが評価されにくい。そのため、すぐに目に見える成果が出る仕事、直近で必要なことばかりに目が向きがちになってしまうのだ。

また同様の理由から、人材育成やプロセスを軽視する傾向も多くの企業で見られる。部下の育成や業務の改善といった仕事の質を高めるための取り組みをしても、その結果として業績が変わらなければ、評価されないからだ。

これについて経営層の方々とお話ししていると、次のように言われることが多い。

「結果を得るためには、人材育成や業務プロセスの改善が欠かせないのは当たり前だ。だから、マネジャーを結果で評価していれば、人材育成や業務プロセスの改善が自然と進むはずだ」

しかし、こうしたロジックは実際には機能しないことがほとんどだ。一見遠回りに見える人材育成や業務改善がやがては成果につながることを理解し、粘り強くそれに取り組むことができるのは、ごく一部の、マネジメントのセンスの高い人だけである。多くの人々は、「結果」を評価されれば、人材育成や業務プロセスの改善に目を向けるより、すぐに結果を出せそうな仕事を探し、部下に対して「とにかく結果を出せ」と叱咤するばかりになりがちである。制度の意図とは異なる現実を招いてしまうわけだ。この背景には、えてして制度を設計するのは一部の「マネジメントのセンスの高い人」であり大多数の人々ではないという事情があるかもしれない。

これらが積み重なることで、**業績以外の質的な方針が語られにくくなるのも「結果主義の影響」**

と言えるだろう。数値で測れる成果に関心が集まるため、「いくらの業績を達成するか」という「量的」な方針は語られるが、「どうやって達成するのか」「その過程で、どのような強みや競争力の基盤を築くのか」といった、将来につながる、あるいは人材や業務プロセスなど業績を支える基盤に関わる「質的」な方針があまり語られないのだ。冒頭の丸本課長のように。

プレイングマネジャーの増加

グループリーダー兼営業マン、といった形の「プレイングマネジャー」が増加していることにも触れておく必要があるだろう。**権限の分散、組織のフラット化の流れのなかで、プレイヤーとマネジャーの兼任は近年大きく増加している。**営業部門に限らず、開発部門や企画部門など多くの部門で、自分自身が業務遂行の役割を担いつつ、マネジャーの役割も兼務する人々が増えている（かく言う筆者もその一人である）。

これを先述の「担当管理職」と混同されないように注意していただきたい。プレイングマネジャーとは、「ライン管理職（マネジメント業務を行う管理職）」でありながら「業務遂行」の役割も担う人のことだ。「担当管理職」はいわゆるマネジメント業務は担わず、もっぱら「業務遂行」を担っているという点で、ここには含まれない。

「マネジャーのプレイングマネジャー化」は、一義的にはマネジャーの負担増加という結果をもたらす。が、問題はそれにとどまらない。**マネジャーが「プレイヤー業務」に注力することで、「マネジメント」業務がおろそかにされ、組織運営機能が低下するという問題もあるのだ。**

その背景には、プレイングマネジャーの「評価」方法がある。昨今、マネジャー層の評価は、成果連動の要素が比較的大きくなりがちである。マネジメントは結果責任を問われるというわけだ。だが、これをプレイングマネジャーの立場で考えてみたらどうなるだろう。結論から言えば、「マネジメント」よりもむしろ「プレイング」を重視するべきだ、という答えに行きつくケースが多いのである。

実際にあった営業組織での例を示したい。その組織では、営業部門のプレイングマネジャーの業績は、「プレイヤーとしての（個人としての）業績」と「組織全体の業績」が三〇対七〇の比率で評価されていた。業績の七〇％は組織全体のパフォーマンスで測られるわけだ。この制度は、プレイングマネジャーにその労力の七〇％を組織やメンバーのために使うよう促すことを意図していた。

ところが、この業績管理手法を導入した結果、プレイングマネジャーは完全にプレイヤー専門家になってしまったのだ。

このからくりは、個人としての業績三〇が、全体の業績七〇の中に含まれており、二重にカウントされるというところにある。プレイングマネジャーの業績目標が組織全体の三〇％だとすると、全体業績七〇の内、七〇×三〇％＝二一ポイントは彼の成果であり、実質的には個人（三〇＋二一）と全体（七〇－二一）は五一：四九となり、評価を最大化するためには、半分以上をプレイングに注ぐべきということになる（図6）。まず自分の業績を最大化し、かつウエイトの大きいメンバーの商談にはマネジャー自身が前面に出て商談を取りまとめ、業績をあげる。これがいちばん合理的な行動になってしまうのだ。マネジメントに力が入らなくなり、短期的な結果追求に走るようになるのは、自然な帰結だろう。

図6●プレイングマネジャーの業績評価ウェイト

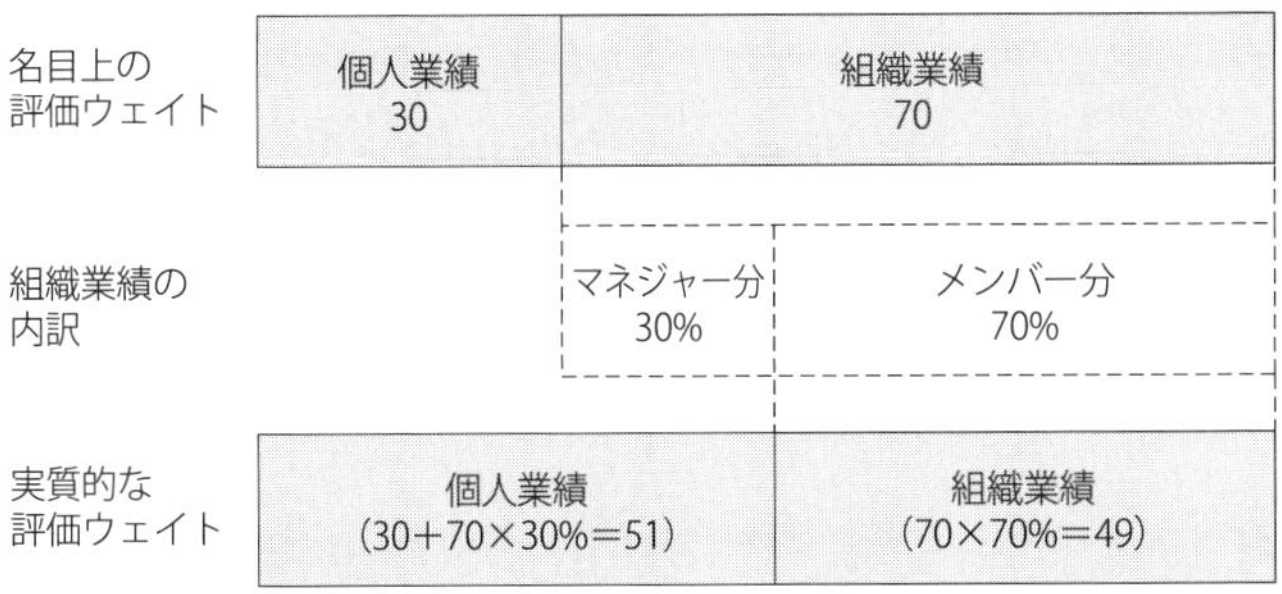

結果として、「組織の方針を示す」「後進を育成する」といった、組織運営に関する業務がどうしてもおろそかになってしまう。本人が業績管理手法に即して合理的に判断すればするほど、マネジメント業務が軽視される結果になるのだ。これでは、マネジメントが機能しなくなり、結果として組織がうまく回らなくなってしまうのも当然である。

多様性への対応が必要

また、今日のマネジメントをいっそう難しくしている一つの要因が、働く人々の価値観の多様化や、性別・年齢・国籍などの多様化、すなわちダイバーシティである。

たとえば、働くことに対する価値観は、世代によって大きな変化が生じている。「会社」よりも「仕事」を重視する傾向は若い世代になればなるほど強まっており（図7）、こうしたスタンスの変化は必然的にマネジメントの有効性にも影響を及ぼしている。実力主義的な人事が進んだことによって、年下の者が年長者をマネジメントするケースも増えている。契約社員や派遣、業務委託など、雇用契約形態もさまざまなものになった。今後は外国人社員も増えていくだろう。こうしたさまざまな面における多様性に、マネジメントも対応しなければならないのだ。

図 7 ●労働観の変化――仕事と会社、プライベートの関係

(1)全共闘・オイルショック世代

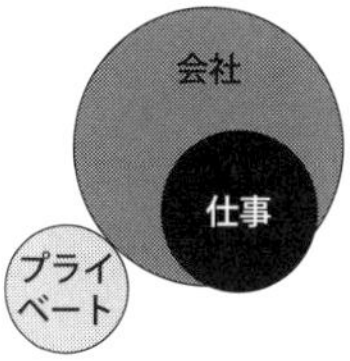

- 個人にとって、「会社」が最も力強く、人生の中心である。
- 「仕事」は「会社」の中に内包され、「会社」以外の「仕事」はありえない。
- この世代にとっての「プライベート」は人生の中で占める位置が低く、ごく小さい。

(2)ジャパン・アズ・ナンバーワン、共通一次世代

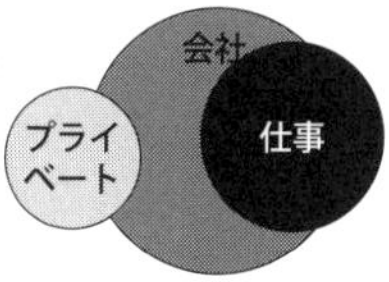

- 「会社」が人生の中心であることに変わりはないが、「会社」から「仕事」が少しずれて、位置づけがやや上がる。
- 「プライベート」は位置づけが上がるとともに少し大きくなる。
- 「仕事」と「プライベート」は離れたままである。

(3)バブル世代

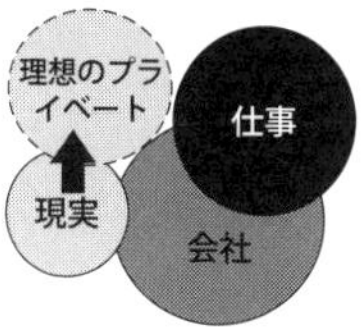

- 「会社」が中心なのは変わらないが、大きさは若干小さくなり、位置づけは下位になる。「仕事」は「会社」からさらに離れる。
- 「プライベート」はさらに大きくなるが、「理想のプライベート」は、もっと大きく、位置づけが高くて「会社」から完全に切り離されていたいと願う。

(4)バブル崩壊世代

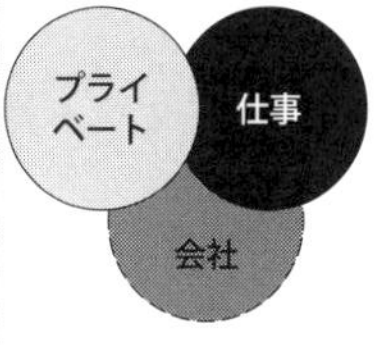

- 「会社」はやや小さくなり、輪郭がぼやけてくる。位置づけは下位のまま。
- 「仕事」と「プライベート」が力強くなって、「会社」より少し大きくなり、両者が重なる部分が生じる。
- 「会社」と重ならずに「プライベート」と重なる「仕事」、という新しい領域が生じる。

(5)就職協定廃止世代

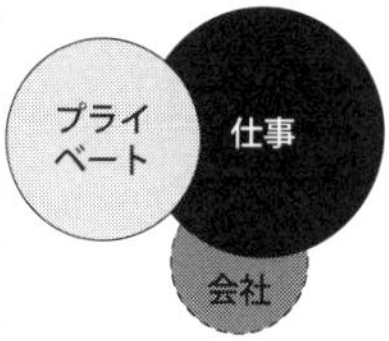

- 「会社」はさらに小さく、輪郭が薄くなり、位置づけも下位のままである。
- 代わって、個人にとっての人生の中心は「仕事」となり、「プライベート」と重なり合う部分が大きくなる。どちらかといえば「仕事」の位置づけが高くなる。

出典：リクルート ワークス研究所『Works』Feb.-Mar. 2005

かつて均質性の高い人員構成が保たれていた時代では、マネジャーは先人のやり方を踏襲し、それを受け持ちの部署内に徹底させてモニタリングしていればよかった。ところが現在は、先人のやり方が必ずしも通用しないだけでなく、メンバー個々人に応じてさまざまな違いがある。そのことを配慮しなければ、モチベーションの低下や不適切な人員配置といったかたちでネガティブな影響が生じうる。単に「がんばろう」とか「課長の椅子をめざせ」「かんばれば昇給するんだ」「会社のために働こう」といった動機づけが機能しなくなるのも無理はない。

価値観が人それぞれであるように、モチベーションも人それぞれである。冒頭の架空のストーリーにも出てきたように、「早く家に帰りたい」人もいれば、「より高い給料がほしい」人もいる。そうしたばらばらなモチベーションをすべて一律に上げることは不可能だ——というより、できたとしても（「とにかく好きなことをやってみなさい」など）、皆がばらばらな方向に突き進み、組織の分裂に至るだけだろう。

今日のマネジャーには、こうした多様な人々からなる組織を束ね、一つの目標や目的に向けて、彼らの力を引き出していくことが求められる。かつての管理職が行っていた、「過去の自分」と同じような価値観や生活スタイルをもった部下をまとめることとは、大きく異なる。自身の経験や暗黙的な感覚に頼ることができず、「自分とは異なる」モチベーション源をもつ人々を理解し、束ねることが求められているのだ。

マネジャー像の不在

このように、マネジャーを取り巻く環境は大きく変化している。市場環境、仕事の性質、組織の年齢構成、マネジャー自身に求められる役割、組織の構成員の多様性などだ。何が正解かわからず、過去の経験が活かせるとは限らない。また、多様な雇用形態や価値観をもつ多くのメンバーをまとめていかなければならない。これでは、悩めるマネジャーが増えるのも無理はない。

バブル崩壊以降、多くの企業では、前述のように組織のフラット化や、人事制度の見直し、非正規雇用の活用といった改革が行われてきた。二〇〇二〜〇七年の景気回復期においては、バブル崩壊後に抑制した正社員数の補完や、新卒採用や中途採用の拡大、定着化・戦力化の取り組みなども盛んに行われてきた。いずれも、いわば組織のハード面に着目した改革である。

これらの改革を行ってなお、組織がうまく活性化せずパフォーマンスがあがらないという問題意識を、多くの企業の人事部門の人々が感じている。現場のマネジャーにとっても、さまざまに変化する組織構造や制度の見直しだけでなく、業務プロセスの見直しなど多くの変革に取り組んできたにもかかわらず、組織がうまく回っていないという感覚をもっている人は多い。

そうしたなかで、組織のソフト領域――いわゆるマネジメントのあり方やコミュニケーションのあり方、組織文化といったテーマ――に関心が集まっている。問題も解決策も（相対的に）見えやすいハード面の打ち手をいくつも行ってきた一方で、より見えにくいソフト面の問題が置き去りにされてきた、それがここにきて表面化してきたのだ。またハード面の変革の（意図せざる）副作用として、マネジメントやコミュニケーションの問題が生じているという側面もあるだろう。

悩ましいのは、このようにマネジャーを取り巻く環境が大きく変化したにもかかわらず、新たな「マネジャー像」が示されていないことだ。

筆者が出会ってきたミドル層の多くが、マネジメントに関して「過去のやり方を真似しているだけではだめだ」と気がついている一方で、「どうすればいいのか」はわからず、悩みを抱えていた。

人事担当者や現場のマネジャーの多くが、「このままではダメだ」「新たなやり方が必要だ」と感じているものの、これからのマネジャーの役割が明確に示されるには至っていない。冗談のような話だが、「御社におけるマネジャーの役割とは何ですか？」というシンプルな問いに、明確な答えが返ってこないことも多い。

筆者：御社における管理職の役割とは何ですか？
人事役員：それはまさに、数字（業績）をあげることですね。
筆者：では、数字をあげれば、良い管理職と言えますか？
人事役員：それはそんなことはありません。しっかり部下をまとめて一体感のある組織をつくっていくことですね。
筆者：そのためには、何が大事なんでしょう？
人事役員：それはいろいろです。方向性を示して、部下をぐっとひきつけていくこと、時には飲みにいって相談に乗ってやる、組織の一体感をもつようなことをやっていくとか……。最近はコンプライアンスなども、しっかりやってもらわないといけませんしね。
筆者：結局、何が大事なんでしょう？

人事役員：ですから、しっかり管理して、数字をあげていくことですよ。

このように、多くの言葉が語られる反面、マネジャーの役割について明確な言葉は返ってこない。筆者はこの人事役員を責めているのではない。マネジャーの役割を決めることは難しいし、まだまだ問題の存在自体があまり認識されていないのだ。

その反面、**かつての日本の躍進期に培われてきた「上司とはこういうものだ」「管理職たる者、かくあるべし」といった考え方は、事業環境や組織構造が大きく変化した今日においても、さまざまな場面で語られ、受け継がれている。**

筆者は、これまでの経験を通じて、そのようなかつて有効であった「上司像」「管理職像」が、今日においてはむしろ組織運営を阻害していることに気づいた。多くの人が、無意識に、かつての「上司とはこういうもの」という観念に沿ってマネジメントを行っているのだが、そのことが逆に、今日の環境において組織がうまく機能することを阻害しているのである。

そしてそのことが、「昔の上司っぽい上司」のもとで働くメンバー一人ひとりを疲弊させ、活躍を阻み、ときには離職に至らせてしまう。**昔ながらの「上司像」「管理職像」が、「人を活かせない」職場を生んでいるのだ。**

そもそも「上司」とは、いったい何を上で司るのか？
そもそも「管理職」とは、いったい何を管理するのか？

第2章では、日本における従来の「マネジャー像」とはどのようなものだったのか、またそれが現代においてどのように機能不全を起こしているのかを考えていこう。

●第１章のまとめ

マネジャーの機能不全を生んでいる、
市場環境と組織構造の変化

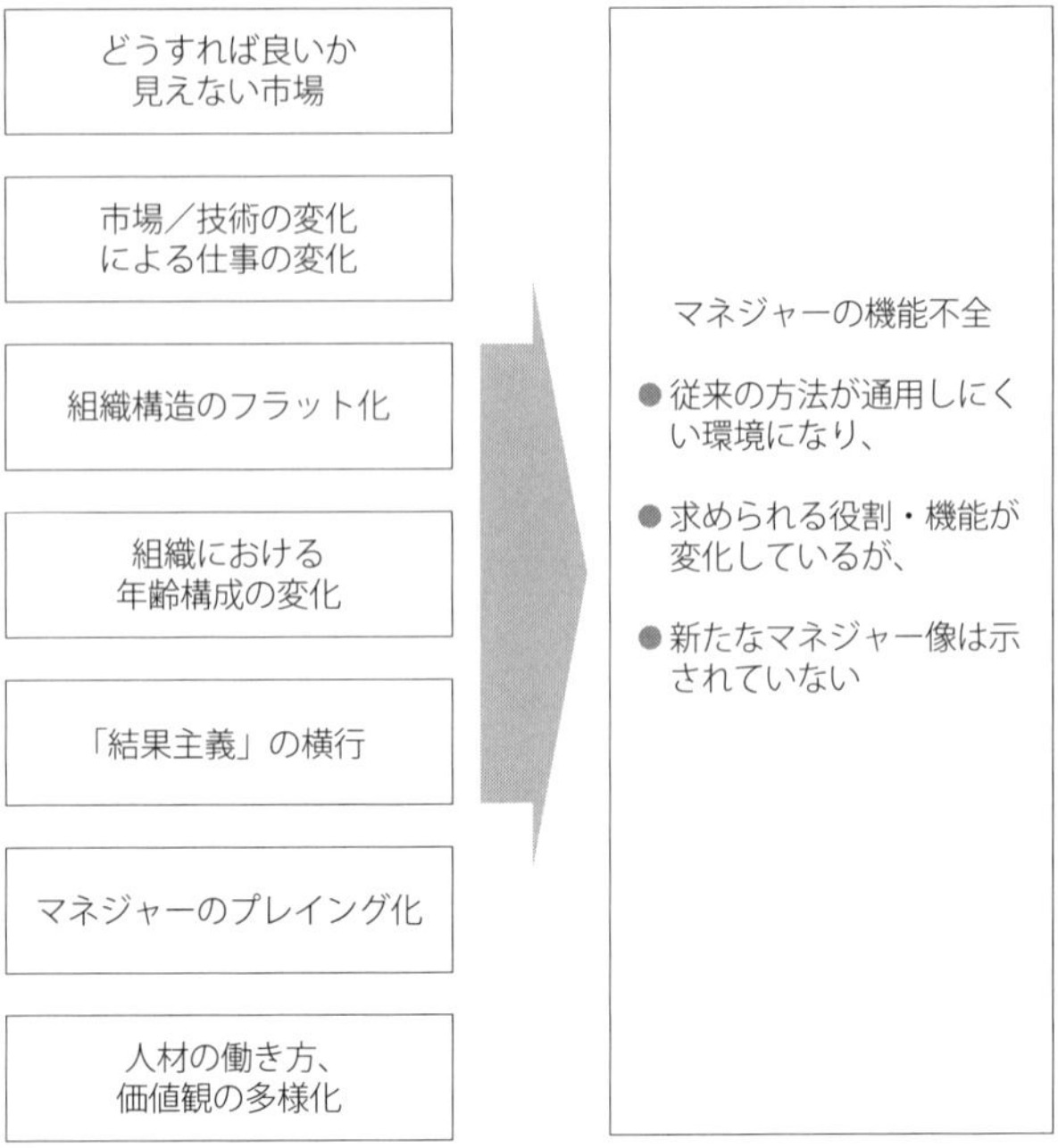

●調査の内容について

本調査は、インターネット調査パネルを用いて、2008年9月3日～9月5日に実施し、1648 名から回答を得た。下表が回答者の属性分布である。比較的社会人経験の少ない（10 年未満）の層が中心であり、やや男性が多い。

調査項目は全 300 問強、すべてリッカート 5 段階で聞いた。調査尺度と、主な構成概念を下に掲載したのでご参照いただきたい。

因果関係の分析に当たっては、回答を基に探索的因子分析を行い、尺度を設定した上で、共分散構造分析を行った。適合度は GFI=0.906 AGFI=0.881 RMSEA=0.065 であり、ほぼ当てはまりの良いモデルと見なしている。実際の分析上では、P.29 に掲載した以外にも因果のパスが存在するが、簡略化のため、決定係数が 0.2 未満のパスについては割愛した。

	1～3 年	4～6 年	7～9 年	10 年～
男性	183	252	314	280
女性	163	202	148	106

尺度	内容
入社前の採用コミュニケーション	●入社先の社員に受けた影響 ●情報量への納得感 ●入社時の意志の強さ ●入社前後のギャップのなさ
入社後の職場コミュニケーション	●目的・目標の共有 ●人事評価、FB の納得感 ●個人の意思の尊重 ●組織開発施策の実施
個の自律を求める人事制度	●自己責任での能力開発 ●成果主義での評価、処遇 ●個人に任される判断、裁量
会社への信頼	●会社に大切にされている実感 ●経営者、方針への信頼感
職場の信頼関係	●上司、周囲への信頼 ●職場の人間関係の濃密さ
仕事に感じる価値、やりがい	●自己効力感 ●成長実感、仕事の手ごたえ ●周囲からの承認の実感 ●事業の将来展望の明るさ
個人における暗黙知の蓄積	●社内に構築してきた人脈 ●仕事のやり方や手続きの習得 ●今後の収入への期待感
リテンション（勤続意欲）	●会社を辞めずにいようという意思
転職意向	●転職を考えている度合い
組織のパフォーマンス	●めざす姿や戦略の共有 ●顧客からの期待の把握と対応 ●徹底した実行と、振り返り・学習 ●建設的な対話と試行錯誤
個人のパフォーマンス	●将来変化、顧客期待への対応 ●新たなアイデアの創出、取り組み ●自らの能力開発

第2章

もはや通用しない「上司論」

前章で見てきたように、さまざまな環境変化の波にさらされて、旧来型のマネジメントは十分に機能しなくなっており、それは人材の定着や活躍にマイナスの影響を与えるなど、さまざまな問題を生んでいる。

とはいえ、長年の慣行で受け継がれてきたマネジメントのスタイルを、うまく切り替えるのはなかなか難しい。筆者はこれまで自社やクライアント企業の約二〇〇〇名のマネジャーに接してきたが、うまくいかないことに悩んだり苛立ったりしている人が多い。

そうしたマネジャーの方々の間には、長年の慣行のなかで培われた「上司たるもの、こうあるべし」というような「上司像」「管理職像」が受け継がれていることが多い。それを通じて、マネジメントに関する旧来のスタイルが受け継がれているようだ。もはや十分に機能しなくなり、世の多くのマネジャーを苦しめているマネジメントスタイルが、イメージとして残存しているのである。

他方で、昨今新たに語られるようになったスタイルもある。たとえば、コーチング的なマネジメントだ。「部下の意見を引き出そう」「部下の話を傾聴しよう」といったことが語られた書籍や雑誌を読者も目にされたことがあるだろう。しかし、この新たなマネジャー像もまた、後述するように十分とは言いがたい面がある。

旧来のマネジメントスタイルが機能しにくくなっているにもかかわらず語られつづけ、一方で新たなマネジメントスタイルが模索されているものの十分には見えていない。これが現在のマネジャーを取り巻く環境である。

本章では、いくつかの代表的な旧来型の上司像・マネジャー像を取り上げ、それぞれの問題点や背景にある要因を解説する。それを通じて課題がより明確になってくるだろう。

［本章で紹介する、もはや機能しないマネジメントスタイル］

1.「やってみせ、言って聞かせて……」

2.「やってみなはれ」の勘違い

3.「上司の背中を見て、部下は育つ」

4.「上司は人格者たれ」

5.「とにかく部下の話を傾聴しよう」

1 「やってみせ、言って聞かせて……」
——昔ながらの日本型上司

よく耳にするこの言葉。言うまでもなく、大日本帝国海軍の名将、山本五十六の言葉だ。

「やってみせ、言って聞かせて、させてみせ、褒めてやらねば、人は動かじ」

人を動かすには、自分が模範を「やってみせ」、手順をよく「言って聞かせて」、実際に「させてみせ」、うまくできたら「褒めてやる」ことが必要だ、という意味だ。「上司の心得」を五七五七七の言葉にまとめて示した名言であり、戦後長い時を経た今でも、管理職の方々の間で訓示や講演、日々のマネジメントを通じて語られている。

しかし、時代は変わる。すでに見たように現在の企業の置かれた環境は大きく変わっており、この「五十六スタイル」も、つねに機能するわけではないし、むしろ機能しないケースが多くなっている。

「やってみせる」が機能しない時代

まず、今日では「やってみせる」ことが不可能な場面が多くなっている。その背景には、①仕事の複雑化、②技術・仕事そのものの変化、③職場環境の変化、の大きく三つの要因があげられる。

まず、**①仕事の複雑化**について考えてみよう。そもそも、「やってみせ」が通用するのは、上司が「やってみせ」たやり方を、素直に模倣し、反復することで成果が上がる場合である。決まった業務や行動を反復して習得し、熟練することで成果を上げていける仕事においては、今でも「やってみせ」は十分機能するだろう。しかし、職場の実態はどうだろうか。

特にホワイトカラーの現場においては、「決まったやり方の反復」が通用することは、限りなく減少している。営業であれ、技術であれ、企画であれ、求められるのは「問題解決」であり、新たなイノベーションの創出である。

たとえば、営業現場においては、個々の顧客によって異なる課題をつかみ、それに対するソリューションを考えて提案・実現していくことが求められる。技術者であれば開発上のブレイクスルー、企画スタッフであれば新商品の企画などが求められるが、どれについても今日では「問題解決」が仕事の中心となっている。そこには、反復はほとんど存在しない。一つ一つの問題は異なっており、その把握と解決のために取るべき行動も、それぞれ異なる。

そうした複雑化した業務において、上司が単に「やってみせ」ても、部下の育成上、本当に役に立つとは限らない。むしろ、部下が試行錯誤して自ら学ぶ機会を奪っている可能性すらあり、ここに注意が必要だ。単に「やってみせ」ることよりも、むしろ、多くの場合に応用できる「問題解決のパターン」としての原理原則を教え、個別の現場では本人に試行錯誤を促すほうが、人材育成としては有効だろう。

また、**②技術や仕事そのものの変化**という要因がある。すなわち、今のマネジャーが「やってみせられない」「やったことがない」、「だれもやったことがない」仕事が増えている。産業のサービス化による「モノ売り」から「ソリューション売り」への転換、ITの進化による顧客へのサービス提供のあり方やビジネスプロセスの変化など、現在のマネジャー層が業務経験を積んだころとは、「現場」そのものが大きく変化しているのである。

こうした変化の中では、マネジャーも初めて「やってみる」ことが多くなる。これでは範例にはなれない。小さな例だが、たとえば、かつては電話で見込み顧客のアポイントをとっていた営業の仕事が、今はメールが中心になっているというケースがある。昔なら「電話をかけまくる」ことを目の前で「やってみせる」ことができたが、メールではそれが「見せられない」のだ。ベテランの顧客とのやり取りのメールは若手には見えない。また若手のそれもベテランから見えない。このため、横で見て学ぶこともできないし、直接指導することもできなくなっている。

もちろんこれ以外にも、以前はチームで行っていた仕事を効率化のため個人で対応するようにするといった変化によって、**「見せられない仕事」が多くなっている。**顧客接点を担う部署でも、すべてのコミュニケーションがＩＴ上で行われ管理されているので職場で直接言葉を交わすことさえほとんどない、という組織もあるほどだ。

そして、最後に、**③物理的な職場環境の変化**がある。今日の職場環境では、マネジャーとメンバーが長時間同じ場で一緒に過ごすことは少なくなっている。ＩＴ化によるテレワークやモバイルワークの進展、顧客常駐型ビジネスや二四時間型サービスの増加、長時間労働の改善などの影響だ。顧客常駐型ビジネスでは、「マネジャーに会うのは本社に出向くときだけで、年に四、五回」などという人もいるし、二四時間三六五日稼働のレストランなどでは、お店で働いている人全員が一堂に会することはできないし、マネジャーが不在で運営されている時間も非常に多い。

加えて、組織のフラット化がすすみ、マネジメントスパンが広くなっていることも大きな変化だ。たとえば、かつてはマネジャー一人に対して五人のメンバーがついていたが、現在では一五〜二〇人を一人のマネジャーが管理するケースが増えている。マネジャー自身がプレイヤーを兼ねている場合も少なくない。

このような状態では、**そもそも「やってみせる」機会が少ししかつくれない。**かつての環境であれば、何度もくり返し「やってみせる」ことで、部下がそこに共通するパターンや勘どころを感じ取り、学び取ることが可能であった。しかし、今の状況では、できるのは時折「やってみせる」ことに限られる。それでは、部下に伝わるのはある一事例における個別対応の例だけということになりがちだ。

「言って聞かせる」も要注意

このような「やってみせる」が機能しない状況では、山本五十六の言う「言って聞かせる」ことも難しい。前述の「仕事の複雑化」や「技術や仕事そのものの変化」は、上司が「言って聞かせ」ることをも難しくするのだ。しかし、**もっとも重要な点は、言っていることが「暗黙知」である場合、長時間ともに過ごしている関係でなければ、「言って聞かせても伝わらない」ということだ。**


取引先でのミーティングにて。

新人の部下を引き連れた上司は、部屋に入る前にこう言って聞かせた。

「いいか。お前は話さなくていいから、とにかくお客さんの顔をよく見ておけ」

部屋に入り、ミーティングが始まった。

ほどなくして、緊張の面持ちで隣りに座っている新人を横眼で見た上司は愕然とした。新人は、言われたとおりに相手をじっと不動の姿勢で見つめつづけており、メモもとらず、考えてもいない様子なのである。

「バカヤロウ。おまえ、ただジロジロ見ている奴があるか」

ミーティング後に上司は怒ったが、新人は何が悪かったのかわかっていないようだ。

「だって、とにかく見てろって言ったじゃないですか……」

「……違う、いいか、お客さんの話すことをとにかく聞くんだ」

これは笑い話のように思われるだろうが、実際にこうした類のすれ違いは多々起きている。しかも、かつてはこうした指導は決して珍しいものではなく、また当たり前のように機能していたのだ。

かつての日本企業では上司と部下が長時間いっしょに時間をすごしていた。そのなかで部下は、上司の人となりや、どんなときに何を言うのか、明確には語られない行間に何がこめられているのかを察することを学んでいた。いわば、「あうん」の呼吸が上司－部下間に生まれ、そのなかで暗黙知が暗黙知のまま継承されていたのである。「あうん」の呼吸で上司の考えを読み取れる部下が「粋＝センスがいい」と評価されてきた面もあるだろう。そうした関係のなかでは、コラムのような上司のあいまいな表現であっても、部下はその意図を汲み取ることができた。汲み取れなくても、何度もくり返すことで徐々に意味を理解していった。そうしたかたちの伝達が可能だったのだ。

筆者自身はこの体験をした最後の世代かもしれない。今でも、上長である役員に「ちょっといいか？」と呼ばれれば、その「ちょっと」の言い方で話される内容のおおよその検討はつく。しかし、筆者がマネジメントしている組織のメンバーとの間では、そうはいかない。皆、コンサルティングのプロジェクトで外出することが多く、必ずしも筆者と多くの時間を共にしているとは言えないからだ。

こうした「あうん」の呼吸の究極の姿は、長年つれあった夫婦が、「あれ」「それ」だけで会話できる様子に見て取れる。すなわち、ここでカギになるのは共に過ごす「時間」である。しかし、上司が個々の部下と過ごす時間は明らかに短くなっている。もはや、上司のあいまいな表現を部下が「あうん」の呼吸で汲み取れるだけの共有体験が存在しないのである。

そのため、**かつては通用した「言って聞かせる」方法も、言葉足らずとなり、不十分な説明となってしまう。**「とにかく〇〇しろ」「いろいろ含めてうまくやっておいてくれ」といった調子の言い方は、上司にしてみれば「自分の上司の指示もそうだったし、それで自分はきちんと仕事をしてきた」「部下も考えればわかるだろう」と感じるものだろうが、現在のメンバーにしてみれば具体性に欠け、背景も見えない、腑に落ちないものになってしまっているのだ。

共有体験が少なく、「あうん」の呼吸が成り立ちにくい関係においては、あいまいに語るのではなく、「What（何を）」「How（どう）」「Why（なぜ）」といった具体的な言葉に落とす、コミュニケーションの変化が求められる。そうしなければ、意味のある「言って聞かせる」にはならないのだ。

しかし、現在の管理職の方々の多くは、過去の「あうん」環境のなかで仕事を学んできたため、上述のように仕事の「What」「How」「Why」を言語化して後進に伝えていく経験が不足していることが多い。そのため、ついついあいまいな表現をしてしまうのだ。

「言って聞かせ」を現在の組織において機能させるためには、暗黙知を形式知化（言語化）して伝えていく、意図的な努力が欠かせないのである。

「褒めてやらねば」では、「何を褒めるべきか」が問題に

褒めてやらねば、人は動かじ。たしかにそうである。褒めることや叱ること、つまり相手へのフィードバックはその人材の育成上、とても重要なことだ。筆者の所属するリクルートHCソリューションユニットの調査でも、メンバーへの適切なフィードバックが「組織内の信頼」や「や

りがい」を生むことがわかっている。

しかし、**「何を褒めるか」がはっきりしていないと、逆にメンバーのモチベーションがダウンしてしまうこともある点に注意が必要だ。**

マネジャーが思いつくたび、気がつくたびに褒めたり褒めなかったり、叱ったり叱らなかったりすると、「何がこの組織で大事なことなのか」がわからなくなってくる。本来は、組織が向かっていく方向と「やるべきこと」が提示されており、それに即して必要な活動ができたときに「褒められる」べきであり、その逆であれば「叱られる」べきだろう。**世の中には「褒め方」「叱り方」といった技術的な方法論が多く出回っているが、その前に「この組織では何が大事で、何をすることは推奨され、何をしてはいけないのか」が明確になっていることが不可欠だ。**そして、それは一貫して実践されなければならない。

たとえば、部門の方針として、「新商品の売り方の開発」を掲げていたとしよう。今までになかった商品の価値をどのように顧客に伝えて買ってもらうのかを、営業担当者一人ひとりが試行錯誤し、勝ちパターンをつくりあげていこう、ということだ。

この方針を受けて、熱心に新商品の営業に取り組み、だれもやっていない売り方で初受注をあげようと営業担当者たちが奮闘する中、既存商品で大型受注をあげた担当者を部長が大絶賛したら、彼らはどう思うだろうか。方針と称賛のズレに疑問を感じ、「やっぱり新商品ではなく既存商品で大型受注をとるほうがいい」と思うに違いない。方針や組織に対する信頼は低下し、新しい方針はいっこうに浸透しないだろう。

読者は「そんなバカなことがあるはずがない」と思われるだろうか。しかし、私がこれまで接した企業の多くでは、このようなことが散見されたのだ。**事業の方針を変えても、「何を褒めるか」を見直さない企業は非常に多い。**個々のマネジャーや組織レベルでは、ますますその傾向がある。ついつい従来の慣性から、「昔は正しかったが今は正しくない行動」を称賛してしまい、「今の方針に照らすと正しい行動」の称賛がおざなりになりがちなのである。

「求める行動」と「褒めること」のズレの例をもう少しあげてみよう。

●「業務の効率化」「仕事の質を高めよう」と方針でうたっているにもかかわらず、毎日深夜ま

で残業している人に「夜遅くまでがんばって、偉いな」と声をかけてしまう

- 「後輩の育成が大事」と呼びかけているのに、育成に取り組まない一匹狼的なメンバーの売上を皆の前で称賛してしまう
- 「結果を恐れずに何事にも挑戦」と掲げていながら、挑戦して失敗した人が叱られ、挑戦もしないが失敗もない人が昇進していく

仕事が複雑化し、上司とメンバーのコミュニケーションの機会が少ないなかでは、このようなズレはメンバーからの不信感につながりやすい。「一貫性がない」と見られてしまったり、「なぜ自分の仕事は褒められないのか」と思われてしまったりして、逆効果を生んでしまうのだ。

こうした問題を防ぎ、「褒めてやらねば」を機能させるには、組織として、「何をよい行動と見なすか」「何を成果と見なすのか」を決め、それができたときに褒めることが重要なのだ。上司自身の過去の経験に依存し、**なんとなく「いいな」と感じたときに「褒める」のではなく、方針や戦略に意図的に「褒める」意識が不可欠だ。そして逆に、方針や戦略に合わないことを「褒める」は、やめなければならない。**

冒頭のくり返しになるが、「褒めてやらねば人は動かじ」はたしかに正しい。しかし、その場その場の感覚で褒めることは、時として、まったく反対の効果を生む。あくまでも、方針を持ち、意図的に「褒める」必要があるのだ。

2 「やってみなはれ」の勘違い――丸投げする上司

山本五十六の「やってみせ」に並んで有名な言葉として、サントリー創業者・鳥井信治郎の「やってみなはれ」がある。サントリーの「新しい価値を創造する」ことへのチャレンジ精神を表わしたものだ。

筆者はもちろん、サントリーの創業理念を批判するつもりはない。問題は、この言葉を乱用する上司が大勢いることだ。「やってみなはれ」とばかりに仕事を部下に任せるのは、一見、「チャレンジすることを奨励している」「自立を促している」ようにも思える。だが、現実的に考えて、何でもかんでも「やってみなはれ」と言っていては、マネジメントは機能しない。

ここで重要なのは、自由に「やらせてみた」ときの「責任」をだれがとるのかということ、そして、どんな範囲で「やらせてみる」のかということだ。単純な話のようだが、これはとても間違いやすいポイントだ。

「やってみなはれ」の結果の責任

まず、「権限」と「責任」とを区別することが難しい。**部下に「やってみなはれ」と行動を促すとき、上司が与えているのは「権限」だろうか、「責任」だろうか？**

権限をメンバーに委ねながらも、結果の責任はマネジャーがとることが望ましいのではないだろうか。そうした意味での「やってみなはれ」であればよいのだが、現実にはそうでないケースも多いようだ。

売上のなかなかあがらない販売店にて。上司は、部下に販売促進策を考えさせることにした。
上司「君に今月の販売促進策を考えてもらおうと思う。期待しているから思いっきりやってみなさい」
部下「期待していただき、ありがとうございます。前例にとらわれず考えてやってみます」
……一カ月後。
なかなか成果の出ないのを見て上司は部下を呼びつけた。
上司「なかなか成果が出ていないな。これではダメだと思う。もっと他に策はないのか。考えてくれ」
部下「はい……」
……そしてもう一カ月後。
上司「だめじゃないか。何をやっているんだ。この計画数字は必達なんだぞ……」
部下「では、○○キャンペーンはどうでしょう」
上司「そのキャンペーンで本当に売れるのかね。大丈夫なのか？ 今は本当に数字が大事な時なんだ。他にも何か案はないのかね」
部下「わかりました。……もう少し考えてみます……」

この上司は、「やってみろ」と権限を渡すだけではなく、「やってみた」結果に対する責任も部下に転嫁している。「やってみた」結果が悪かったときの責任を、部下がすべて負わされている。上司は一度も案を出していないので、うまくいかなかった場合はその案を考えた部下の責任になるというわけだ。一方、「やってみろ」と部下に委ねた上司自身の責任を、上司が省みることはない。一方的に責任を問われる部下のモチベーションが下がっていくのは当然だろう。

このように、**権限と責任を合わせて二つとも押し付けることは、メンバーの心理に確実に悪影響を与える。**アイデアの創出やチャレンジを促すよりも、むしろ萎縮させ、チャレンジを阻害する結果に終わりがちなのである。

組織において一人ですべての仕事をこなすことが不可能である以上、権限は何らかの形で委譲しなければならない。一方で、マネジャーとして結果への責任を放棄したり、部下に押し付けたりしてはならない。単純なことだが、この峻別はきわめて大切だ。

ある仕事をメンバーに任せた場合、その仕事を遂行することについてのプロセスの責任がメンバーにあるのは言うまでもない。だが、マネジャーには「任せた責任」がある。メンバーが失敗した場合の責任は、任せた側にもあるのだ。この責任から逃げてはならないし、もし逃げようとすれば、メンバーはそれを目ざとく見抜いてしまうだろう。自分が何かミスをして叱られた際、マネジャーに対して「任せたのはあなたではないか」という思いを抱いたことのある人は、多いのではないだろうか。

このような「責任」を放棄してしまえば、マネジャーはただ単に仕事を上から下へ流しているだけの存在となってしまう。権限を分配するだけ、計画数字を毎朝示して注意喚起するだけであれば、業務管理ソフトと何も変わらない。マネジャーの本来の仕事は、それとは別のところ——メンバーに委ねたことに対して「責任」を取るところにこそあるのだ。

自律と放任の違いも問題を生む

また、「やってみなはれ」の乱用に潜むもう一つの問題は、仕事上の「方針」を明確に示すことなく「やってみなはれ」と言うパターンである。

何をどのようにやってみるのか、どこまでなら自由にやっていいのか。この基準を示さずに「自由にやってみなはれ」と言うマネジャーの下では、メンバーは「本当に」自由奔放に行動することになってしまう（せざるをえなくなる）。しかし、実際に何でも自由にやっていいわけがなく、たとえば自由に生み出された提案を採用するかどうかはマネジャーが判断することになる。そこでしてしまいがちなのが、メンバーの提案が気に入らない場合、「それはおかしいだろう」「なぜそんなことを言ってくるんだ」と叱責してしまうことだ。いわば「フェアウェイ」を示さずに「自由に打ってみろ」と言ったのにもかかわらず、である。

ここにも、かつての「あうん」の呼吸の影響が現れている。「すべてを伝えなくても、部下は上司である自分のフェアウェイを感じ取って提案を持ってきてほしい」と考えてしまうのだ。だが先述したとおり、それはもはや機能しない。「それはおかしいだろう」「なぜそんなことを言ってくるんだ」と言われたメンバーが感じるのは、「マネジャーが手のひらを返した」ということであり、「納得できない」という不満感である。それではモチベーションもあがらず、チャレンジも生まれない。

「やってみなはれ」には、はっきりとした方針やフェアウェイが必要なのだ。「この範囲で、この方向でやってみなはれ」と示した上で、やらせなければならないのだ。

このように、責任放棄の「やってみなはれ」、方針を示さずに後から否定する「やってみなはれ」が、メンバーのやる気を下げているケースは多い。こうした「やってみなはれ」を言っている当人はメンバーの「自律的な動き」を期待しているつもりでも、実際は「放任」しているだけであり、マネジャーとしての責任を果たしているとは到底言えない。

こうした状態が長引けばメンバーは疲弊してしまう。やがて新たな取り組みを行うことをやめ、過去に成功したやり方に固執してしまったり、リスクをとらなくなったりする。こうして組織の活力やイノベーションを創出する力が弱まってしまうのだ。**本来は一人ひとりの自発性・創造性を引き出すことを主眼においていた「やってみなはれ」が、間違った運用をされることで逆の効果を生んでしまうのである。**

なぜ、「やってみなはれ」が誤用されるのか

ところで、このような無責任と表裏一体の「自由にやってみなはれ」が言われてしまうのは、なぜだろうか。

背景には大きく二つの要因がある。一つは競争環境の変化によって「上司自身にも正解が見えない」ことが多くなっていること。もう一つは、「上司は立派でなければならない」という心理が働いていることだ。

まず、競争環境の変化について整理しておこう。第1章で述べたように、グローバル化や技術の進展、市場の成熟や多様化、国内市場の縮小などにより、戦略上、過去の勝ちパターンを踏襲することも、他社の戦略を模倣して業績につなげることも難しくなっている。個々の企業が、市場と自社の強みを見極め、独自の戦略を生み出していくことが必要な時代である。

また、変化が速くなり、市場が多様化しているため、「トップが中央集権的に細かく各組織の方針を決めて、現場はそれをひたすら実行する」という役割分担が機能しにくくなっている。「上は現場がわかっていない」と言っても、複雑化した市場をトップがすべて把握することなど、現実的には不可能だ。むしろ現場の近くにいるマネジャーが、トップの方針と現場の現実との間のギャップを埋めていく必要があるのだ。つまり、**「考え、決める」役割が、トップから現場へと下りてきているのである。裏返せば、マネジャーに「こうすればいい」と正解を示してくれる人はいないということだ。**

たとえば、上から割り当てられた「月間五〇〇〇個」という販売目標数があったとしよう。単に「五〇〇〇個めざしてがんばろう！」と号令をかけるだけで、よい結果が望めるだろうか。よほどの強い商品でない限り、現場の創意工夫なしに厳しい競争を勝ち抜くのは難しくなっている。「どのようにして五〇〇〇個を売るか」を考え、その部署なりの方針（戦略）を持たなければ、目標到達は難しい。単にメンバー一人ひとりに販売目標数を割り当てたり、それぞれの顧客ごとに販売方法を考えて対応しろと促したりするのは、組織の方針とは言えない。顧客のニーズを「束」でとらえ、皆でやる共通の取り組みを考えなければならない。それをマネジャー一人ひとりが、自分の担当市場やチームの戦力に照らして、「自分で」考えることが必要になっているのだ。

重要なのは、現場の職務遂行管理に求められる能力と、戦略や方針を考え周知徹底する能力は、イコールではないということだ。現場経験を一定年数積めば職務遂行の方法がわかるので、その進捗を管理する管理職になる、という一般的な昇進慣行のなかでは、この違いが軽視されがちである。その結果、「業務経験は豊富だが、どうやって戦略や方針を示せばよいのか学んだこともなく、そのことが自分の役割であると伝えられたこともない」マネジャーが多くの企業に存在するのだ。第1章の冒頭の丸本マネジャーのように。

しかも、「豊富な業務経験」が、必ずしもマネジメントを行う上での武器にはならないということが、さらに悩ましい状況を生んでいる。前節の「『やってみなはれ』が通用しない時代」でも述べたが、過去の経験が通じにくくなっているのだ。

このような状況下では、マネジャー自身が「どうするべきか」について明確な答えを考え、示すことは難しい。ここに、「やってみなはれ」という言葉を借りた、無責任な丸投げをしてしまう要因がある。

「五〇〇〇個を売る」という目標の達成を求められているものの、「どのようにして五〇〇〇個を売るか」という方針を示すことができず、具体的な業務についても、過去の成功体験が通じない。こうした状況のなかで、ついつい「やってみなはれ」と、メンバーに権限委譲（という名の下での責任転嫁）をしてしまうのである。その背景には、「（自分には方針もアイデアがないから）、業務に詳しいメンバー自身に考えてほしい」という意図が見え隠れする。

ここには、もう一つの要因である「上司は立派でなければならない」という心理が表れている。

実際にはどうすればいいかわからず、悩んでいるにもかかわらず、それを部下に開示しないのは、「威厳」や「体面」を気にしているためだ。後で詳しく述べるが、こうした**「上司は立派でなければならない（上司にアイデアがないのは恥ずかしい）」という考えは、マネジメントの歪みをもたらす大きな要因となっている。**

マネジャーがなすべきことは、何が正しいかはわからなくても、「たたき台」としてでも方針を示し、メンバーの知恵を借りながら、ともにそれをブラッシュアップし、合意した上で方針を決めることだ。その上で、「やってみなはれ」と、具体的な行動をメンバーに任せるのだ。わからないからといって、それを明かさずに丸ごとメンバーに投げ、責任まで渡してしまっては、マネジャーの存在する意味がない。

「自律は危険」の勘違い

また一方で、メンバーに権限を委譲し、自分で考えさせることに非常に強い抵抗感を示すマネジャーもいる。「自分で考えさせれば、何をするかわからない。そんなことはさせられない」と言うのだ。「従業員の自律」というテーマで経営者と議論した際に、「そんなことをしたら、会社がバラバラになってしまう」と言われることもよくある。

たしかに、何の判断基準や枠組みもなく「自由にしてよい」と言ったら、「何をするかわからない」し、「会社がバラバラになってしまう」だろう。これはまさに無秩序である。

しかし、「自律」と「無秩序」には大きな勘違いがある。**「自律」とは、「自ら律する」ことを意味する。そして、「律する」という言葉には、何らかの基準に照らして、ぶれないように行動し、もし基準からずれていたら戻るように制御する、という意味が含まれているのだ。**

メンバーに権限を委譲し、自分で考えさせることとは、何もかも自由にすることを意味しない。マネジャーが基準としての方針を示し、その枠のなかで創造力を発揮してもらうということだ。方針があることで、自律の基準や自由な範囲が生まれ、メンバーはその方針に照らして自分のアイデアの価値を判断したり、方針から逸脱しないように自分の行動をコントロールしたりすることができるのだ。フェアウェイを示さなければOBもわからないし、打つ方向もわからない。だがそれが示されれば、ルールを守って自由なコース取りで進めることができるのである。

メンバーに自律を促すことを恐れるマネジャーは、逆に言えば「自分の方針がメンバーと共有できているか」に自信がないのである。それゆえに、すべての行動をあれこれ指図して部下を縛ってしまい、創造性の発揮を阻害してしまうのだ。これは、あらゆる企業、部門において、イノベーションを生み出すことが求められる現代の企業においては、まったく望ましくない。

メンバーに仕事を委ねる際に注意すべきは、「どの程度の範囲の自由度を持たせるか」ということだ。ベテランであれば、大まかな方針とスケジュールさえ共有しておけば、あとは自由にさせても期待する成果をあげられるかもしれない。しかし、仕事の全体像が見えておらず、自己管理力もまだ身に付いていない初心者が相手では、それではうまく行かないだろう。より具体的なタスクに分解し、方針を噛み砕いて、短い期間でＰＤＣＡをまわしてやる必要がある。

「やってみなはれ」に象徴される、メンバーに自由度を持たせ、自主性・創造性の発揮を促すことはとても重要だ。しかし、そこに「方針を示し」「適切なサイズで委ねる」というマネジメントがなければ、むしろ逆効果になってしまうのである。

③「上司の背中を見て、部下は育つ」——以心伝心に賭ける上司

三つめは、「上司の背中を見て、部下は育つ」だ。この言葉は、「上司が黙って行動で示せば、そこから部下は学び取り、成長するものだ」「だからこそ、上司は自らが模範となるように、プレイヤーとして活躍しつづけなければならない」といった文脈で使われることが多い。いわば、伝統芸能や工芸の世界で、プロフェッショナルとして活躍する師匠の芸を盗み、学び取っていく、師弟関係のような上司‐部下像を思わせる言葉である。

しかし、ここまで読んでいただいた読者の方はお気づきだろうが、ここにも、現在の組織では通用しない前提が潜んでいる。「見せれば部下は感じ取る」、すなわち「以心伝心」が機能するという思い込みだ。

以心伝心は機能しない

すでに述べたように、今日では過去の時代と比べて、マネジャーとメンバーが共に過ごす時間は

大幅に減っている。その結果、マネジャーの振る舞いから、その意図を汲み取ったり、仕事のエッセンスを読み取ったりできる濃密な関係は、多くの現場において過去のものとなっている。つまり、「背中を見せて育てる」上で必要不可欠な、「以心伝心」は機能しないのだ。

そもそも、かつての上司たちが「以心伝心」で「感じ取る」ことを求めてきたものとは、いったい何だろうか。彼らが部下と長時間を共に過ごすことで伝えようとしてきたものは、**仕事の表面からは見えづらい「考え方」や仕事をする上での「姿勢」、行動や判断の「基準」「方針」**といったものであった。

先に述べたように、**そうした「基準」を示すことは、マネジメントの根幹をなす。**かつての上司たちは、このマネジメントの根幹の部分を、「共に過ごす時間」によってまかなってきたのだと言えよう。「背中で語る」タイプの上司がしばしば部下の尊敬を集めてきたのも、そこにマネジメントの重要な部分が含まれていたからだ。

しかし、今日ではそうしたマネジメントがもはや通用しなくなっている。共に過ごす時間を十分に確保できない現代、これまで師弟関係のなかで上司が背中で語ってきたものを、明確に言語化して語っていく必要があるのだ。

言語化トレーニングが足りない

伝えるべきことを明確に言語化して語るというスキルは、簡単なようで、実はそうでもない。というのも、これまでの日本の教育現場や企業の研修やＯＪＴにおいて、こうしたスキルを意識的に学ぶ機会は、一般に不足してきたからだ。

最近の学校教育の現場では、子供に自分の意見を発表させる機会を積極的に設けたり、ディベートなどを取り入れたりすることもあるようだが、それも一般的にそうした言語化トレーニングが不足していることの裏返しだろう。日本の学校教育では、マークシート試験のような「あらかじめ答えのある問題」を解くことが重視され、単一の答えがない問題に対して自分なりの意見を論理立てて語るということの訓練が足りないのだと言われている。

企業内でも事情は同様だ。**旧来の日本の企業社会では、昇進の仕組みやスピードも、社内の人材の属性や職種（男性総合職が中心）も、働き方（長期勤続、長時間労働、全国転勤など）も、おおむね**

画一的であり、先輩の働き方が「あらかじめ決められた答え」として機能してきた。

部下は上司とともに過ごす時間のなかでそれを見て学び、模倣することでステップアップできた。言いかえれば、上司が自分の働きぶりを見せていれば、部下はそれを感じ取ってくれた。そのため、仕事上重要な考え方や判断基準などを明確に言語化して伝えるトレーニングの必要がなかったのだ。

また、上司は前任者の業務を「あらかじめ決められた答え」として引き継ぐことができたため、ある意味、仕事上重要な考え方や方針を深く考えたりしなくても、表面をなぞるように前任者の後を追っていればそれなりに役職が務まった、という側面もあるかもしれない。よく見て真似して、身体で覚えていけばいい。それを部下にも見せて真似させればいい、というわけだ。

こうした「見せるマネジメント」の習慣の背景には、日本文化に脈々と伝わってきた教育観があるようだ。能でも歌舞伎でも、師匠の技を見て真似をするのが習得の方法だ。マニュアルは存在しない。型を練習しつづけることで、そこからその型にこめられた真髄を体得していくことが尊ばれるのだ。同様に、**企業の組織内でも「見せる」ことを通じて伝えてきたため、方針や行動目標があいまいな言葉になってしまうことが多い。**その特徴的な二つのパターンを紹介したい。

一つ目は具体性に欠ける言葉だ。物事を「きちんとやる」「徹底的にやる」「しっかりやる」「ちゃんとやる」「○○の強化」という類の言葉だ。一生懸命さはなんとなく伝わるが、何を・どれくらい・いつまでにやるかが、さっぱり伝わらない。それを言った人とずっと一緒にいれば、その人の言う「徹底」「きちんと」などがどの程度なのかがわかるが、それ以外の人にはわからない。

厳しい言い方かもしれないが、こうした表現で方針を語ることは、何も言っていないのとほとんど同じである。たとえば「A商品のシェア一〇%アップ」という目標があったとして、それを実現するための方針が「営業訪問の徹底」や「提案の強化」となってしまう。一見、具体化されているようだが、「訪問の徹底」とは、何がどれくらいできれば徹底なのか、訪問して何をするのか、いつまでにやればいいのかが不明だ。「提案の強化」も同様である。これでは何も伝わらない。

もう一つのパターンが、「とにかく○○をやればいい」といった類の大雑把な言葉だ。顧客とのミーティングに臨んで部下に「とにかく見ておけ」と言う上司が先述のコラムに出てきたが、こういう言葉を使うとき、往々にして上司は、本当はもう少し高いレベルの行動を部下に求めているものだ。だが、その要望を明確に言語化して伝えるのが難しいため、あるいは面倒なため、大雑把に

「とにかくこうしろ」という言い方をしてしまう。

一緒にすごす時間が長ければ、それでも上司の本音はなんとなく部下に伝わるかもしれない。だがそうした共有体験が乏しいなかでは難しい。経験の浅い部下であれば、「○○さえすれば他は何もしなくていい」と受け止めてしまい、成果が上がらなかったり、問題を起こしたりしかねない。**一昔前と違って、詳細に意義や背景、本来の目的を言語化しないと伝わらないのだ。**言語化しようと努力することを面倒臭がり、「考えればわかるだろう」と自分に言い訳をして、言語化を途中でやめてしまってはならない。

なお、この問題には部下の側にも要因がある。上司の言うことが仮にわからなくても「わからない」と言ったり質問したりすることを遠慮してしまう姿勢が、上司の「見せるマネジメント」を助長するのだ。

こうした部下の姿勢の背景にも、日本的な教育観が影響しているようだ。日本の学校教育において、自分が納得するまで質問をくり返し、なかなか納得しないような生徒は、しばしば「皆の時間を浪費している」と非難される。「わからない」と質問することは、「周囲に対して迷惑」な行動であり、「察する（＝わかる）」ことができない点で問題なのである。そうした教育を受けて育った人材は、社会に出た後も、仮に上司の説明が「わからない」としても、「自分のために上司の時間を浪費させてはならない」と感じて、わからないままに引き下がってしまう。また、あらかじめ用意された答えを考え当てる訓練を経てきたため、深く考えるよりも、すぐにわかる「その場の正解」を求めがちであることも、悪い影響をもたらしている。「とにかく○○をやればいい」と言われると、背景や意図を考えずに、それだけを正解への道と考えがちなのだ。

言語化を阻む「考え方」の存在

それでは、なぜ、言語化・形式知化が進まないのか。

一つには、上記のように言語化トレーニングを欠いてきたためスキル的に難しいことがあげられる。また、ベテラン層の人々は、「伝えるべきこと」を以心伝心の文化のなかで身に付けてきたため、自分のなかでもそれが言葉になっていないことが考えられる。

加えて、おそらく日本人の中には、そうした「大切なこと」を言語化することそのものに対する心理的抵抗があるようだ。形式知化や言語化といった言葉に触れると、それが大切な何かを削ぎ落とす行為のように感じられ、「大切なことは言葉では伝えられない」と、いくぶん情緒的なセリフさえ飛び出しかねない。

言葉にする過程で、行間が抜け落ちることは避けられない。また、職場における限られたコミュニケーションの場においては、なるべくシンプルに、本質的な要素に絞り込んで語る必要があるため、言いたいことをすべて言語として盛り込むこともできない。そこで、「すべて盛り込めないなら言語化しないほうがいい」という極端な反応になってしまうのだ。

こうした考えには、正しい一面もたしかに存在する。一般的に語られる日本の強みである、細かなものづくりや、品質へのこだわり、サービスにおけるお客様へのおもてなし、部門間でのすり合わせなどの背景には、豊富な暗黙知の共有があるからだ。語りつくせないことまで伝えて初めて、強みを実現できるというわけだ。また、いったん言葉にできないことも含めて共有してしまえば、「あうん」の呼吸が成立し、コミュニケーションの効率は非常に高くなるし、協働も容易である。さらに、あえて言葉にしないことで、部下の感じる力や学び取る姿勢を引き出すという一面もあったのかもしれない。

こうした見方の根底にも、「重要なことは考えればわかるはずだ」「すべて言わなくても考えるべきだ」という考え方がある。同じものを見て同じものをめざしているなら伝わるはずだという考えだ。しかし、現代の環境下では、何度も述べてきたとおり、同じものを見ること自体が難しいのである。

マネジャーとメンバーが共に過ごす時間を、かつてのように増やすことは現実的ではない。背景に事業環境や技術の変化があり、時間を巻き戻すことはできないからだ。いま求められることは、**暗黙知の重要性は理解した上で、そのなかでも形式知化して伝えられるものは形式知化することによって、「早く」「コンパクトに」伝えていくこと、そしてその土台の上に暗黙知を築いていくことだ。**環境が変わった以上、コミュニケーションのあり方も見直しが必要なのである。

現在の職場において、「背中を見せて」を実行するためには、その行動にどのような意図があり、原則があるのかを語る力がなければならないし、「背中を見せれば伝わるだろう」「言葉では伝わらない」といった考え方自体を見直していく必要がある。

4 「上司は人格者たれ」

――役割の前に人格が気になる上司

「上司たるもの人格者たれ」

この考え方は、山本五十六ふうの上司や、悠然と「やってみなはれ」と言い放つ上司などに共通して見受けられるものだ。そして、今日書店に並ぶ管理職向けの書籍を見ていても、散見されるフレーズである。

「身分の違い」が無責任を横行させる

そもそも、「人格者」とは、人がだれかの人柄を評価して用いる言葉だ。人格的に優れた行いをしていると人々が見なす人物がそう評されるのであり、「私は人格者です」などという言い方は通常しない。「これから自分は人格者になります」と言っても、あるいは人から「あなたは今日から人格者になりなさい」と言われても、それだけでなれるものではない。

そのような、自分でなると決めてなれるものではない「人格者」であることを、上司に求められる属性としてとらえた言葉が、「上司は人格者たれ」という言葉なのだ。この言葉がそのまま明示的に語られる機会がなくても、そして、**暗黙的に「上司は立派でなければならない」と多くの人が感じているのではないだろうか。**そして、私たちは上司になった瞬間から「人格者っぽい振る舞い」をせざるをえなくなる。とはいえ実際に人格が急に変わるわけでもないので、形ばかりで実体のない「張り子の虎」になってしまうのだ。

このような、実体が伴わないままに「人格者」として振る舞おうとすることが、実際に人格的な成長につながれば、それはそれで有益だろう。また、組織やメンバーに対する影響力が大きいことを考えると、マネジメントは良識を備えた人材が担うべきだという考え方にもうなずける部分はある。マネジャーに人格的成長を求め、節度ある判断を促すための戒めや金言としては、有効な言葉なのだろう。

しかし、えてして起こりがちなのが、そうした本来の意味を受け止め、謙虚に学ぶのではなく、「上司は偉くなければいけない」「偉そうな態度を取っていなければいけない」という勘違いをしてしまうことである。

人格者であるということは、必ずしも偉そうな態度を取ることとはつながっておらず、本来的には相矛盾することだ。しかし、**「上司」↓「人格者でなければ」↓「立派な人でなければ」↓「偉い人でなければ」↓「偉そうにしなければ」**という変換が、なぜか生じがちなのである。

上司であることを「偉そうにする」役割ととらえてしまうと、上司は傲慢なふるまいをするようになる。面倒なことは部下に「やってみなはれ」と押し付け、自分は楽をしようとする上司には、こうした思いがあるのではないか。自身にアイデアがないことを部下に率直に語れずに、「考えてみろ」と丸投げしてしまう背景にも、「立派でなければ」という思いが影響している。

また、部下に自分の考えを押し付け、自律を妨げる上司の心の中には、「部下は自分の思いどおりに動くべきであり、勝手な行動は許さない」という思いが多かれ少なかれあるのだろう。部下に対して自分の考えを言語化して伝えることを怠り、「感じ取る」ことを求める上司には、「部下は自分の考えを感じ取る努力をするべきだ」という傲慢さがある。つまり、**「自分は偉い」という思い込みが、これまで述べてきたような「迷走する上司」**を生み出し、**助長しているのだ。**

こうした勘違いの背景には、**「役割」を、「人間性」や「地位」「身分」と同一視する傾向**が存在するようだ。

本来、マネジャーや課長や部長といった役職は、あくまでその人の組織における「役割」を示しており、その人の「人格」や「身分」を表すものではない。効果的、効率的に業務を遂行し、事業目的を実現する上で、最適な人が最適な役割を担っているということにすぎないのだ。上司になったといっても、それはその人が「立派である」「偉い」ということは意味しない。「マネジメント」という役割を担っただけのことである。報酬が高くなるのも、「マネジメント」という役割に伴う責任や負荷が重いこと、担える人材が相対的に希少であることなどに起因しており、決して「偉い」から給料が高いわけではない。

しかし、封建社会における身分制度のように、地位が高いことは「その人が偉い・立派である」ことを意味するように解釈されがちだ。そもそも「上司」という言葉自体、「上で司る」であり、身分としての性格が強い。「部下」という言葉も同様である。言葉そのものに「身分の上下」という価値観が組み込まれているのだ。上述の「上司」↓……↓「偉そうにしなければ」という解釈の連鎖の根底には、こうした価値観があるようだ。

日本企業の文化において「上司」が「偉い人」と目されているもう一つの大きな要因として、年功序列の人事慣行が考えられる。ほとんどの場合、上司は部下よりも年齢が上であり、「人生経験の厚み」が感じられる。そのため、「偉い人」という見方が助長され、上司が「上から」部下に接するという慣習ができあがっていたのだ。

しかし、現代では必ずしも上司が部下より年長であるとはかぎらない。むしろ、年齢的に若いマネジャーが年長者をマネジすることは今後ますます増えていくだろう。そういうマネジャーは、「人生経験」にもとづく権威を振りかざすことはできない。「上から目線」は使えないのだ。この状況を想定してみると、マネジャーの役割がより考えやすくなる。

マネジャーが周囲のメンバーより年下であれば、方針が定まっていないときや責任逃れで「やってみなはれ」を言ったとき、メンバーからは厳しい反応が返ってくるにちがいない。無責任なマネジメントが、対等な人間どうしの間で機能するはずがない。上司から「偉い人」とか「立派な人」といった権威のベールをはがしてみたとき、本来あるべきマネジャーの「役割」が問われるのである。

マネジャーは「偉い人」ではない。地位や身分ではないし、人間性を示すものでもない。単に「役割」に過ぎない。また、「人格者たれ」と「偉そうにしろ」はまったく別の話である。この当たり前のことを、忘れてはならない。

「人格者」である前に「役割」を果たせ

これまで述べてきたように、現在のマネジャーを取り巻く環境は厳しい。「上司と部下が直接接する時間が少ない」「マネジメントスパンが大きい」「経営トップがすべてを決めることができず、現場での試行錯誤が求められる」「仕事が多様化・複雑化し、メンバー一人ひとりが自律的に判断することが必要になっている」といった、事業運営上・組織構造上の変化が生じている。

ここで**マネジャーに求められることは、「人格者」として振る舞い、個人的な尊敬を得ることでは決してない。それよりもまず、「方針」を決め、「方針」に基づいて一人ひとりの役割を決め、指導や称賛を行うことだ。**チームとしての方針を上司が示さなければ、いかに人格者であろうとも、組織は回らないのである。

かつては方針が明確に存在し、何をすれば勝てるかがわかりやすく、そして何よりも、上司がじっくりと一人ひとりのメンバーと語り、背中を見せる時間があった。そうした状況においては、人格者としてメンバーに接し、個人的な信頼、尊敬を得て、「上司のためにがんばろう」と思ってもらうことが、組織運営上有効だったのだろう。

しかし、先ほど述べたような現代の組織においては、信頼や尊敬の礎は「個人の人格」よりも、むしろ「方針」そのものに変わっている。本書の冒頭のケースに描いたように、方針が見えないこと、どうやって勝つのかを上司が示さないことにこそ、メンバーは失望しているのである。

今日、上司が問うべきことは、「自分は人格者（＝立派な人、良い人）として振る舞えているか」ということではなく、「自分は役割を果たせているか」ということだ。その意味で、「上司は人格者たれ」という言葉は形骸化しているのだ。

もちろん、メンバーに任せた仕事に対して責任を負うことや、正解をだれも示してくれないなかで意思決定し、方針を示すことなど、覚悟や姿勢が問われる場面は多い。そうした場面で上司自身の「人格」が試されることもあるだろう。しかし、そうした人格的要素はあくまでもマネジャーの役割を果たすための手段として求められることであり、方針を考え示すこと以前に全人格的な立派さを求める「人格者たれ」という考え方とは異なる。

5 「とにかく部下の話を聞こう」――嫌われたくないからコーチング上司

山本五十六や職人気質など伝統的な「古き良き」日本型の上司像とは打って変わって、最近増えているのが「コーチング」志向の上司だ。

コーチングでは「傾聴」、すなわち人の話をよく聴くことが求められる。相手の話に耳を傾け、必要な問いを発し、相手の本心や良いところを「引き出す」ことが大切だと言われる。これまでの「俺についてこい」型の上司像に比べて人間的な温かみも感じられ、コーチング上司は最近の流行となっている。いわば過去の上司像へのアンチテーゼである。全体戦略に従って目標を割り振り、檄を飛ばして進捗を管理してきたが、そういうやり方が現場の実態にそぐわなくなった。組織の方針がない中、先が見えず疲弊していくメンバーが増えた。そこで「個人」にフォーカスした施策をとってみようというわけだ。

マネジメントはコーチングではない

しかし、コーチングに傾倒しているマネジャーには、まずマネジメントはコーチングではないという当たり前の事実を再認識することが必要だろう。

本書冒頭のストーリーでは、ピントのずれた発言をしたメンバーに対して丸本課長が「それで本当にいいと思うの？」と問いかけたが、この問いかけは「相手に考えさせ、答えを引き出す」という彼の目論見とは裏腹に、「自分としてはこれでいいと思っています」という開き直りを生んでしまった。「頼りないマネジャーだ」というネガティブな心象も生みかねない。

コーチングとマネジメントの大きな違いは、コーチングでは「答えは相手が持っている」「コーチは相手の持っているものを引き出す役割」という考え方が前提にあるのに対し、マネジメントは特定の方針や戦略、判断基準や行動指針を全体に行きわたらせ、機能させていくことに本来の目的があるという点だ。マネジメントにおいて「答えを持っている」のは、原則としてマネジャー側なのである。

つまり、マネジャーは「方針」を持っていなければならない。

そもそもコーチングの利点は何だろうか。

- 傾聴することで部下に自分で考えさせられること（自律的な行動を促せること）
- 考えを述べさせることで「自覚」を促せること（たとえば、間違った行動についてただ叱られるのではなく自分自身で内省するようになり、学びの効果が高まる）
- 問いを投げかけることによって上司自身が思ってもみなかった意見やアイデアが出てくる可能性があること

しかし、**こうしたコーチングのメリットを活かすには、前提として、マネジメント側に方針があることが重要なのである。**先にも述べたとおり、フェアウェイやOBゾーンが示されているからこそ、「君はその中でどうしたいんだ？」と問いかけることができるのだ。方針に沿って「やりたいこと」を考えさせてこそ、そこに組織としての意味づけがなされ、メンバーがやりがいを感じられる仕事が生まれるのだ。

方針を示していなければ、コーチングによって引き出した「答え」が間違ったものである場合に、明確に否定することができない。「そうか、君はそう思うのか」と言ったところで、もうどうすることもできない。

方針を持っていれば、フィードバックが可能になる。コーチングで引き出した答えに対して、こちらの方針を示し、相手の答えが方針に反している場合には何がどのように間違っているのかを明らかにして、理解してもらうことができる。「そうか、君はそう思うのか。しかし私たちはチームで〇〇をやると決めたじゃないか。チームの力をもっと活かす方法を考えてみてくれないか」と。

端的に言えばこういうことだ。**「方針」をしっかり持つことができれば、マネジャーはコーチングを本物の武器にすることができる。**

コーチングの適用範囲

また、コーチングを活かそうと思うなら、その適用範囲に注意しなければならない。**マネジメン**

ト上の問題について方針を持たずにコーチング的アプローチをとるのは有効ではないが、逆に、まだ定まった方針がないことが明らかなテーマについては、コーチングが有効に機能しうる。

たとえば、ゼロベースでアイデアを出し合う場合や、部下個々人のキャリアについて話し合う場合などがこれに当たる。こうした場においては、コーチングのアプローチが力を発揮するだろう。逆に上司側の勝手な方針を押し付けると反発を招きかねない。

このことは、裏を返せば、マネジャーが方針を持っていない場合にコーチングに頼ろうとする傾向があることを示唆している。「やってみなはれ」の乱用と同じ行為が、コーチングの名を借りて行われている可能性があるのだ。

第1章のコラムでは、チームで営業活動を展開しているときに、スタンドプレーの好きな部下が「なぜ私個人で売ってはいけないんですか」と発言した。このような場合に、方針が明確に言語化され、なぜチームで取り組む必要があるのか明確に考えがあれば、個人プレーが望ましくないということを、説得力をもって伝えることができたはずである。そうした考えがないと、「本当にそう思うの？」と問いかけてしまったり、一転して「そう決まっているからだ」などと頭ごなしに否定したり、「せっかく一緒のチームにいるんだから」と目的不在の話をしたりしてしまうのだ。

このケースでは、たとえば「チームで営業することによって個々人の成功例や失敗例の共有がしやすくなり、全体としての成長が加速する」というような説明をするべきだったのであり、答えを相手に委ねてはならなかったのだ。そして、そうした説明能力を発揮するためには、方針や戦略を「感じ取る」ことに期待するのではなく、明確に言語化しておかなければならないのは言うまでもない。

嫌われたくない心理がマネジメントをだめにする

もう一つの重要なポイントとして、**コーチングに頼りたがるマネジャーには、えてして「良い人」でありたいという心理が働いている**点に触れておこう。

コーチングは、人間的な温かみを感じさせる。ていねいにメンバーの話を聴き、答えを引き出してくれるマネジャーは、接しやすい人として好まれるだろう。「俺についてこい」タイプのマネジャーは、強引で頑固な人として疎まれる。

だが、マネジャーがコーチングを「良い人だと思われたい」「嫌われたくない」という心理から行っているのだとすれば、そこに大きな落とし穴がある。メンバーが間違った発言をした場合に、否定できなくなってしまうのだ。メンバーを叱ったり否定したりすると嫌われるかもしれない――そんな萎縮した思いがマネジャーを似非コーチにしてしまう。

言うまでもなく、**マネジャーの役割は「良い人でいること」ではない。組織の戦略や方針に関して「正しい人」であることが重要なのだ。**そのためには時として部下の意見をはっきりと否定することも必要になる。

また、そもそも「嫌われたくない」から否定しないというのは、メンバーの「意見」に対する否定を「人格」に対する否定と同一視している点で間違っている。人格を否定してしまったら嫌われもするだろう。だが、戦略や方針との関わりのなかで否定するのは、あくまでその人の意見や行動であり、その人の人間性ではない。この点を勘違いしているようでは、たとえ表面的には「良い人」として好感を持たれることはあっても、本当の意味でマネジャーとしての信頼関係を築くことはできないだろう。

否定すべきは「コト」であり、「ヒト」ではない。信頼を得るのは人（「ヒト」）として大切なことだが、それは発信する方針（「コト」）によって得るべきだ。

⑥ 環境変化に対応した、新たなマネジャー像が求められる

本章では、従来語られてきた、あるいは、最近注目されているマネジャー像の限界と、その要因について紹介してきた。ここまで読んでいただいた方には感じていただけたと思うが、機能不全のほとんどが、第1章で述べてきた、マネジャーを取り巻く組織構造の変化や、事業環境の変化によって起きている。一一八ページの図に、これまで述べてきたさまざまなマネジャー像と、それがどのように機能不全になっているかを整理した。本章のまとめということで、改めてこれらのマネジメントの機能不全が、どのような環境の変化によって生じているのかを整理しておこう。

まず大きな要素として、「組織のあり方の変化」がある。職場で過ごす時間の減少、マネジメントスパンの増大などだ。このことによって、上司の暗黙知をメンバーに時間をかけて伝え、「あう

ん」の呼吸のなかで仕事を動かし、育成していくことが困難になっている。

次に、「事業環境の変化」も大きく影響している。競争が激化し、市場の多様化、技術進化のスピードアップが生じたことにより、どうすれば勝てるのかを経営や事業のトップが明確かつ事細かに示すことが難しくなった。そのため、現場で方針を決め、試行錯誤を行うことの重要性が格段に高まっている。また、仕事そのものが変化したことによって、上司がかつての現場経験を活かしにくい環境が生まれている。

このように、マネジメントを取り巻く環境は激変しているにもかかわらず、かつての環境のなかで歴史的につくられてきた「上司像」や「管理職像」、マネジメントスタイルに関する格言などは変化せずに、今も語られているのである。そのズレが、本章で語ってきたようなさまざまな問題を引き起こしているのだ。

今、求められるのは、こうした環境の変化に合った新しいマネジメント観であり、新たなマネジャー像である。次章でそれを考えていこう。

●第２章のまとめ

よく語られる「望ましいマネジャー像」と、その機能不全の実態

やってみせ、 言って聞かせて…	●仕事が変化し、「やってみせる」のが困難に ●「言って聞かせ」ようにも、十分な時間がない ●過去の慣性で「褒める」ことが方針展開を阻害する恐れもある
「やってみなはれ」 の乱用	●権限を委ねるだけでなく、責任も押し付けてしまう ●明確な方針がないまま権限を委ね、放任になってしまう ●無責任な行動を促進
上司の背中を見て 部下は育つ	●上司、部下が共に過ごす時間の減少から、語らずとも伝わる＝「以心伝心」が機能しない状況に ●マネジャー側の「伝える力」の訓練が不足している
上司は 人格者たれ	●マネジャーは偉そうにするべき、という誤解を招く ●マネジャーの関心を、「役割を果たせているか」よりも「人格者として振る舞えているか」に引きつけてしまう
上司は 部下の話を聞こう	●方針がないままに、部下に自由に意見を述べさせるだけでは、「やってみなはれ」の乱用と同じ

第3章

マネジャーの役割を「決める」

第1章では、ミドルマネジメントの機能不全が生じていること、そしてそれがメンバーの意欲や定着を妨げていることを紹介し、その背景にある、組織を取り巻く構造の変化について紹介した。改めて振り返れば、「どうすればいいいか、正解の見えない事業環境」「市場・技術の変化に伴う仕事の変化」「組織構造のフラット化」「組織における年齢構成の変化」「結果主義の横行」「プレイイングマネジャーの増加」「多様な働き方の混在」などである。

こうした変化はバブル崩壊の前後から、一〇年以上かけて生じたものだ。また、これらは日本企業がバブル崩壊以降の業績悪化、そして経済の自由化、グローバル化に対応し、試行錯誤のなかで組織変化に取り組んだ結果でもある。

第2章では、これらの結果として、かつての日本企業において語られてきた（現在も、多かれ少なかれ語られているが）「上司たる者、かくあるべし」といった考え方が、ことごとく機能不全に陥っているということを解説してきた。「やってみせ、言って聞かせて……」が機能しない、「やってみなはれ」が誤用されるなど、かつての環境ではうまく機能した考え方の多くが、機能不全に陥っているのだ。

また一方で、新しいモデルとして提示されたコーチングも、それだけでは機能しないことも説明した。本書冒頭に登場した丸山課長の陥っている状況が、第1章で述べてきたさまざまな環境変化によって生じているものであることがご理解いただけたと思う。

本章では、これらの考察を受けて、現代の環境において望まれるマネジャーの役割とは何か☆について考えたい。

☆なお、ここで取り扱うのは、「組織運営に責任を持つ」、いわゆる組織マネジャー（ライン管理職）である。第1章で紹介したような「担当管理職」、すなわち組織運営に責任を持たない、称号としての「管理職」ポジションについては触れない。これは非常に重要なテーマではあるが、実際に担当管理職について語るには多くの紙幅を要する。本書では、あくまでも組織マネジャーに焦点を当てることとし、担当管理職の役割については別の機会に譲りたい。

1 扱うのは「ヒト」と「コト」の現在・未来

図8を見てほしい。一般的なミドルマネジャーの仕事について、マトリックスで整理したものだ。

まず、横軸を見ていただきたい。「マネジャーが扱う対象」を大きく「人・組織」と「業務」に区分している。マネジャーは、担当組織を構成するメンバー——いわゆる部下——をどのように育て、動機づけ、管理していくかといった面で責任を負っている。これら「人・組織」を対象とした活動を、左側に配置した。一方でマネジャーは、組織の担当業務について、日々の運営や改善、また将来に向けてどのように変革を起こしていくか、といった面での責任も負っている。こうした組織の担う「業務」に関わる活動を右側に配置した。

次に、縦軸は、「現在」と「未来」という時間軸で区分を行った。いま目の前の出来事に対してどのように関わるかという観点と、より長期的に、将来のためにどのような手を打つかという観点でとらえていただくとよいだろう。

たとえば、右上の**「現在」×「業務」**の領域には、目の前の業務を進める役割が該当する。メンバーの活動も含めた工程管理や、そのなかで生じたトラブルや予定外の出来事への対応（＝例外対応）、そして、メンバーの起案や申請に対して決裁などである。また左上の**「現在」×「人・組織」**は、業務を遂行していくうえでのメンバーの動機づけや、フィジカルとメンタル両面の状況把握などだ。

それに対して、右下の**「未来」×「業務」**の領域は、今後組織がめざすべき方針の立案や提示、持続的に成長するために必要なイノベーションの模索、日々の改善などだ。

左下の**「未来」×「人・組織」**の領域には、人材育成、すなわち今後の事業展開に必要な能力の習得

図8●ミドルマネジャーの仕事

	人・組織	業務
現在	労務管理、日々の動機づけ	工程管理、例外対応、決裁
未来	人材育成、組織開発	方針の提示、改善や変革の促進

をメンバーに促すことがまず当てはまる。また、チームメンバーの相互理解や信頼関係を醸成したり、成果追求にこだわる組織風土を醸成したり、といった効果的に成果を生み出すための組織づくり（＝組織開発）が当てはまる。

いわゆるマネジャーのほとんどの仕事は、この枠組みに収まる。

もし、あなたが現在マネジャーの役割を担っているとすれば、実際にこの枠組みであなたの活動内容を整理してみてほしい。はたして、あなたは各領域の活動にどれくらいの時間を費やしているだろうか。また、あなたがマネジャーではなく、メンバーの立場であるとすれば、あなたのマネジャーが行っている活動を、同じように整理してみてほしい。そして、どの領域にマネジャーがもっとも多くの時間を費やしているかを考えてみてほしい。

この整理は非常に重要なことなので、ぜひ、このまま読みつづけるのではなく、一度ページをめくる手を止めて、紙とペンを使って、五分間でもいいので考えてみてほしい。

いかがだろうか。ほとんどの読者は上の領域、すなわち「現在」に関する活動にほとんどの時間を使っており、下の領域、すなわち「未来」に関する活動には驚くほど時間を使っていない、という結論に至ったのではないだろうか。**多くのマネジャーは、労務管理と工程管理にほとんどの時間を使っている。まさに、進捗の管理をする「管理職」なのである。**

もちろん、物理的に体が拘束されている時間と、頭で思考するのに費やしている時間は異なる。時間のほとんどを「管理」に当てているとしても、思考する時間や内容はそれとイコールとはかぎらない。だが、実際どうだろうか。**現在のことを考えている時間と、未来のことを考えている時間の、どちらが多いだろうか。**

こうしたマネジャーの行動の背景には、（ここまで読んでこられた読者には推測がつくと思うが）歴史的な背景が存在する。くり返しになるので詳述は割けるが、「何をやればいいかがわかりやすい市場」の存在が、こうした「管理職」の存在の背景にあるのだ。

市場の顧客ニーズや競合関係があまり変化せず、よくわかっている状況で、戦略がはっきりしており、決まったことを徹底して遂行することが重要な時代には、こうした「管理職」が望ましかったのだ。仕事を分配しその進捗を管理する。分配した仕事を「部下」がきちんと進めているかチェックし、もしうまく行っていなければ激を飛ばす。それだけではまずいので、気遣いをして、声をかけたり、時々は飲みに連れて行ったりして、動機づけを維持することが重要だったのだ。

そのため、右下の「未来」×「業務」の領域に関しては、マネジャーが自ら方針を考え打ち出すというよりも、むしろ「言ったことを確実にやればいい」「決められたことを着実にやることが重要」とも言われていた。上から降りてきた数値目標を分解し、決まったやり方を徹底するのが、方針らしい方針のほとんどだったのである。

こうしたマネジャー像を生んだ環境は、バブル崩壊以前のものである。これまでに見てきたように、マネジャーが方針を示し、変化を主導することは今日、非常に重要になっている。しかし、過去に培われた慣性は、現在も依然として残っているのだ。

現在の多くの経営者は、マネジャーに対して「未来」×「業務」の領域、すなわち、環境変化をとらえ、自らのチームの方針を定め、新たな仕事のやり方を生み出していく、変革の主導者としての役割をもっと果たしてほしいと望んでいる。しかし、多くの管理職は、経営者から「もっと現場で考えろ」「現場それぞれで最適な方法を考えてほしい」と言われながらも、それがどういうことか、実際にはどう考えたらいいのかが見えず、依然として現在の「管理」にとどまっているケースが多いのだ。また、本来であればメンバーに任せるべき、個別具体的なタスクをマネジャー自ら担っているケースも多いのではないだろうか。

なにしろ、今の現場は忙しい。組織のフラット化や仕事の変化、顧客ニーズの多様化などのなかで、日々発生する問題に対応しているうちに、毎日の時間は過ぎ去っていく。また、コンプライアンスや、情報管理、労働時間管理など、目を配らなければならないルールも増えつづけている。そのため、**「日々の業務をまわす」ことに忙殺され、やり方がわからずやったこともない「方針を決めて、変化を起こす」ことは置き去りにしてしまいがちなのだ。**

また一方、左下の「未来」×「人・組織」の領域に関する取り組みは、従来、日本企業の特徴であり、強みだと言われてきた。たしかに、人材育成や組織づくりの重要性は多くの経営者が語ってきたことであり、現場のマネジャー諸氏も、ずいぶん意識して取り組んできたことだろう。しかしそれは、ライフスタイルを共有した人々が長い時間をともに過ごす、という職場のあり方を前提として行われてきた。「同じ釜のメシを食う」ことで自然と信頼関係がつくられる。そして、先輩と後輩が行動をともにし、先輩の仕事ぶりを見るなかで後輩は仕事のやり方を体得していったのだ。

また、職場のメンバー全員が正社員であり、同じようなキャリアを踏んで、同じような生き方をしていく人々であった点も大きい。自分が今後どのような姿をめざしていけばいいか、その際にどのような立場を担うことになるのか、そのために今どうすればよいかが見えやすかったのである。互いに似通っているため信頼関係や相互理解が生まれやすかったという面もあるだろう。

今の職場の状況は大きく異なる。まず、「結果主義の横行」によって、将来のための投資であり、なかなか成果が見えづらい「人材育成」「組織開発」への関心が、組織全体として薄まってしまっている。また、「フラット化」や「マネジャーへのプレイング業務の付与」に伴って、マネジャーが、一人ひとりのメンバーを指導する時間をつくりにくい状況になっているのだ。「年齢構成の変化」によって中間層が手薄になっていることも、少なからず人材育成を困難にしている。

企業内におけるキャリアの多様化やライフスタイルの多様化が、動機づけを困難にしたという面もあるだろう。皆がマネジャーのポジションをめざせるわけではない。事業が変化しつづけ、右肩上がりの組織拡大が期待できない時代であり、将来像が描きにくく、お手本を探しにくい状況なのである。自分と同じように育てても、本当にその力が将来活きるかわからないのだ。

このような中、**かつて日本企業の強みと言われた「未来」×「人・組織」の領域に対して、マネジメントの割かれる時間は少なくなっているのである。**

自分が学んできたことを後進に伝える、先輩から教わったことを自分の経験も付け加えながら後輩に受け継いでいく、いわゆる伝承的な人材育成は今も変わらず重要である。しかし、これに加えて、「将来、今後の事業展開を考えれば、こうした能力が必要になる」という将来起点の人材育成も求められている。事業の方向性に照らして皆で能力獲得に取り組んでいく活動をリードすることが、マネジャーには求められるのだ。

こうした変化は、あらゆる部門において起きている。たとえば、以下のようなことだ。

- 商品開発：従来の商品開発のセオリーを伝承することに加え、新興国においてマーケット開拓をするための、各国の風俗や社会規範、流通経路や商慣行など、進出先に関する知識を集中的に学ばなければならない。
- 対法人の営業部門：顧客社内に人脈を築くスキルに加えて、顧客のコスト削減や競争力強化に自社の商品・サービスがどのように寄与するのか、戦略的観点から考え、ソリューションを提案することが必要になる。

●人事部門：社内の人材を詳しく知っていること、人事法制や各種の人事制度について詳しいことに加え、事業パフォーマンスの向上に寄与する人事施策を実施するため、各事業の事業内容や、業務上のＫＦＳ☆などについて詳しい必要がある。

どうだろうか。従来イメージされてきた、「現場での人材開発」の枠を超えているのではないだろうか。現在の事業環境においては、各職場で、「新たな能力の獲得」を意識した能力開発を行っていくことが欠かせない。しかし、残念ながら、現在の「管理」に時間を取られるなかでは、こうした役割を果たしていくことは難しいだろう。

こうした状況を受けて、人事部がキャリア教育の取り組みを強めたり、コーチング的な組織開発を取り入れたりする例も見られる。だが右の三点からもわかるように、能力開発であれ、コーチングによる動機づけであれ、「これから事業がどこへ向かうのか」が見えない中では、十分に機能しないのではないだろうか。何を学ぶべきか、何にやりがいを見出すべきかが見えないからである。

②「現在」に集中するとマネジメントは歪む

このように、今日のマネジャーの多くは、「日々の業務管理、労務管理」に多くの時間を使っている一方、未来のための活動にあまり時間を割けていない。

筆者は、このことがマネジメントの不全の大きな原因であると考えている。**日々の業務、労務管理に集中すればするほど、ますますマネジャーは忙しくなり、未来のために時間を割けず、そのことがますますマネジャーを苦しめていく、といったネガティブスパイラルが存在するのである。**

図9を見てほしい。マネジャーが方針を示せない場合、メンバーは判断の基準をもてないため、マネジャーに逐一相談せざるを得ない。逆に、方針が定まっていないために、一人ひとりがバラバラに行動してしまうことも起こりうる。

☆Key Factor for Success の略。事業成果を出す上でインパクトの大きい要因のことをさす。

そうすると、マネジャーは部下に仕事や判断を任せられず、いちいち仕事に介入しなければならない。ますます日々の業務管理に時間を取られ、落ち着いて未来について考える時間がなくなり、その結果として、やはり方針を示せないのである。

こうした状況においては、部下は、上司の指示を仰ぎながら仕事を進めるため、自分で仕事を進めているという効力感をもちにくい。第1章の冒頭の例にもあったように、「先が見えない」と感じてしまいがちだ。また、現在のフラット化された組織において、プレイヤーとしてのミッションも担っているマネジャーが、こうした関与をすべての部下に対して丁寧に行うことは事実上不可能だ。

図9●方針を示せないことがもたらす悪循環

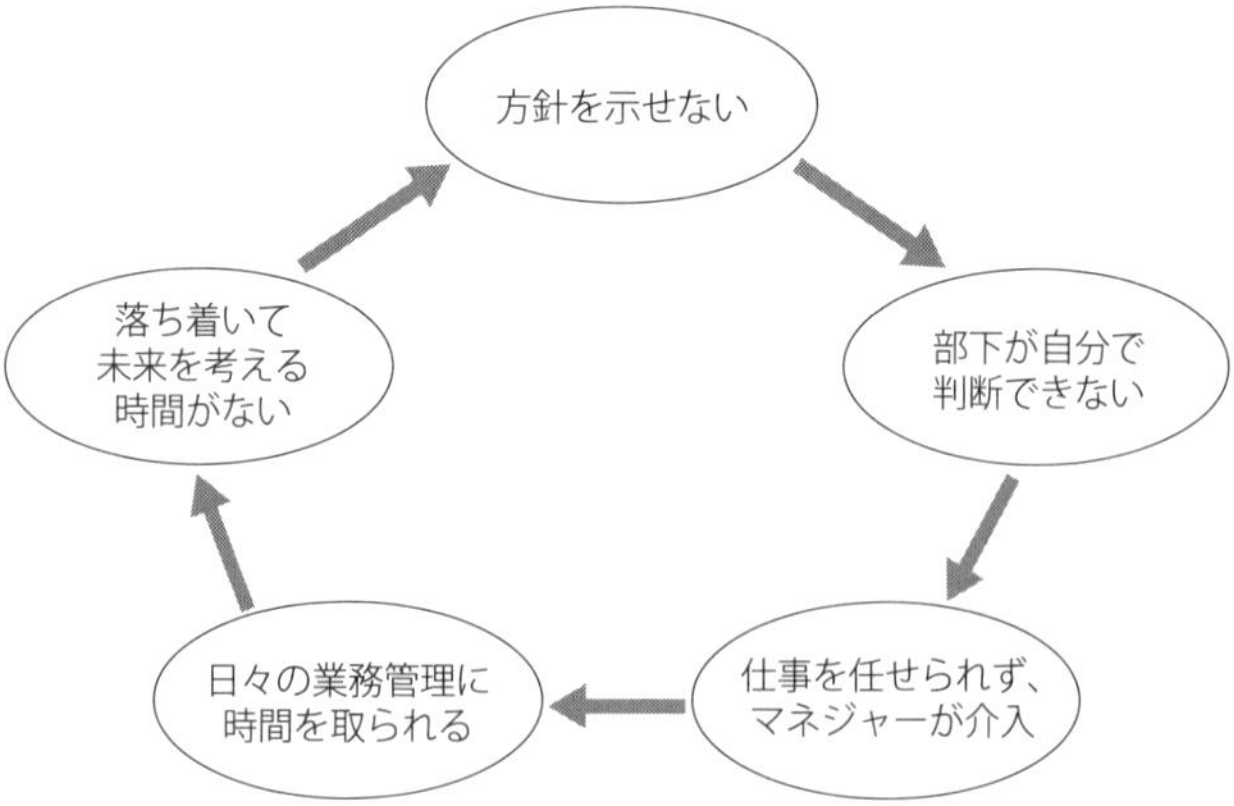

そもそも、「市場、技術の変化に伴う仕事の変化」から、マネジャーの過去の業務経験が通用しにくくなっている。そうなると、あるときは細かい指示を出すが、あるときは放ったらかしになり、実態として「やってみなはれ」状態になってしまう。

こうした状況においては、メンバーは方針も見えないまま、自分で判断することを強いられ、心理的にプレッシャーがかかってくる。良いアイデアも出ないだろうし、人によっては萎縮してしまって、旧来どおりのやり方を維持し、必要な試行錯誤を行わなくなってしまうだろう。そうした状況では、メンバーは成長しにくい。その結果、ますますマネジャーはメンバーに仕事を任せられず、日々の業務遂行に関する負荷は増えていく。

図10は、こうした、「目の前の業務管理」にフォーカスするマネジメントが組織に与える影響をさらに付加したものだ。「現在」×「業務」にフォーカスし、「未来」の方針を示せないことが、メンバーの動機づけを弱め、さらには将来に向けた能力開発も阻害してしまっている。すなわち、「人・組織」の領域に、マイナスの影響が出ているということだ。

因果のつながり方は職場によってさまざまであり、この図で示した因果はあくまでも一例にすぎない。しかし、第1章の冒頭に記載した丸本課長の例にあるような、目の前の業務管理に追われ、未来に向けた方針を示せないマネジャーの多くは、程度の差はあれ、この図に類似した状況に追い込まれてしまっているのだ。

また、こうした状況に問題があることに気づいても、対処の仕方がわからず、ますます深みにはまる例もよく見られる。メンバーの意欲低下に直面して、コーチングなどで動機づけを試みたり（「現在」×「人・組織」）、キャリア教育に取り組んだり（「未来」×「人・組織」）するのだ。しかし、組織として何にどのように取り組むのか、という方針がない中で、さまざまな取り組みをしても難しい。

図10●方針を示せないことがもたらす悪循環

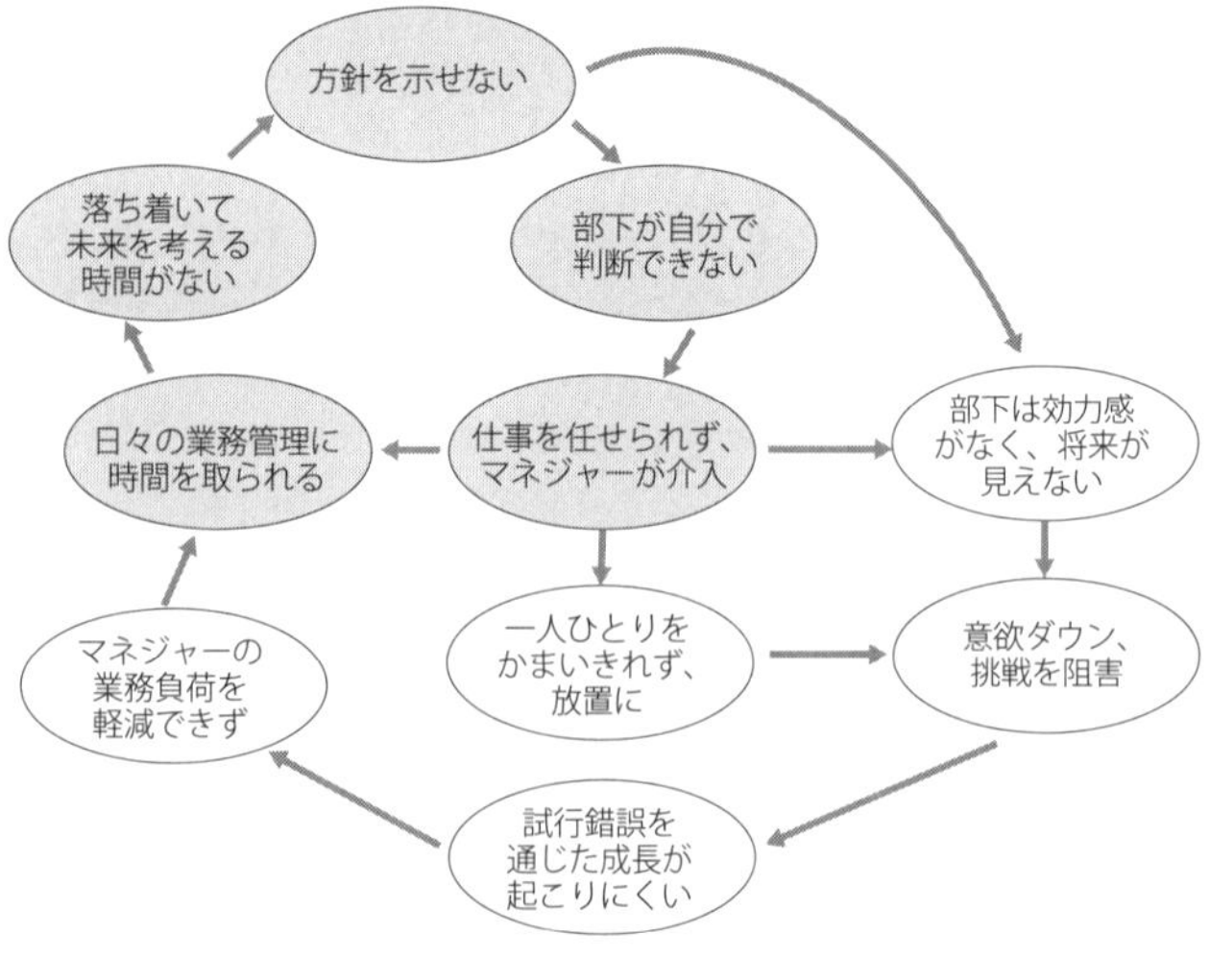

管理職向けの研修やセミナーなどでお話ししていて感じるのだが、**まじめに業務をとらえ、真剣に取り組んでいるマネジャーほど、この構造に陥ってしまい、がんばっても、がんばっても先が見えない感覚にとらわれているケースが多い。**努力が空回りしている、あるいは、努力をかけるべきポイントが間違っているという点に気づかないのである。

3 「未来に向けた方針」に注力せよ

こうした状況を抜け出し、組織メンバーの意欲を引き出し、成果を生み出し、人材が育つ組織をつくりあげるためには、どうすればいいのだろうか。その鍵は、「未来に向けた方針」にフォーカスすることだ。**ついつい細かい業務にまで口を出し、自分が手出ししたくなる気持ちを抑え、「未来」×「業務」の領域、すなわち、未来に向けて方針を生み出し、方針に沿って変革やイノベーションを生み出すことを促す活動に時間を使うのである。**

従来、「戦略は経営トップが決めるもの」であり、「現場はトップが決めた戦略に沿って動くもの」と認識されてきた。多くの企業でインタビューを行った際に、「うちはトップがはっきりした戦略を決めてくれないので……」といった言葉を聴くのは、こうした認識の現れであろう。

しかし、現在の「正解が見えにくい事業環境」においては、こうした考え方は半分正しいものの、半分間違っている。事業環境の変化、そのスピードの速さ、市場の成熟によるニーズの複雑・多様化、そしてグローバル化による多種多様な市場、競合との対峙など、さまざまな要因から、トップが「現場が実行できる」レベルで戦略を明確に決めることは、ほとんどの企業において、もはや不可能といっていい。

そうした環境では、トップができるのは「大きな方向性を示す」ことであり、それを個々の事情を鑑みて具体化、現実化していくのはミドル層の役割ということになる。事業トップの方針をもとに、自分が担っている機能と、対峙している市場や現場の現実に照らして、現場で実行できる戦略を描くことが、ミドルに求められているのである。

「トップが戦略を明確に示さないから」とぼやくことは、もはや正しい姿勢とは言いがたい。むしろ、方針を明確化・具体化するのは、ミドルマネジャーの役割なのだ。もちろんマネジャーが、自組織内でのやるべきことを、それぞれのメンバーの受け持つ役割ごとに事細かに考えるわけにもいかない。事業の大方針を受けて自組織の方針を考え、決めて、あとの各論はメンバーに委ねていくことになる。

このように、**自組織が何に、どのように取り組むのか、何を大切にするのか、といった方針を示し、メンバーに各論を委ねることは、先ほどのネガティブスパイラルから抜け出すことにつながる。**方針を示すことで、メンバー一人ひとりが方針に照らして考えたり、判断したりできるようになる。そして、原則的にメンバーに業務を任せながらも、方針に照らしたフィードバックや指導を行い、軌道修正をする。また、現在できることを一歩越えた、ストレッチしたテーマを与えることも可能だろう。これらによって、仕事を任されたメンバーは効力感を感じ、自ら主体的に試行錯誤を行うようになる。そうなると、マネジャーには時間の余裕ができ、新たな試行錯誤を行う方向性を考えたり、未来に向けて情報収集や方針立案をしたりする時間ができてくる。また、部下も自ら仕事を考え、自律的に試行錯誤を行うことを通じて、成長していくのである。

図11を見てほしい。**こうしたポジティブスパイラルが回りはじめると、組織は活性化し、成長実感と充実感が感じられる。そして何よりも未来に向けて変化を生み出せる組織になっていくのだ。**

また、人材育成に関しても、こうした業務上の方針を示すことは重要だ。前節で述べたように、技術や市場がどんどん変化していくなか、学ぶべきことも変化する。受け継がれてきた仕事のやり方を継承していくこともちろん重要だが、特にホワイトカラーの仕事領域においては、方針に照らして、方針を進めていく上で必要な知識やスキルを組織に調達することが重要になる。これはあくまでも一例であるが、方針が見えないままでは、何を学ぶべきかも曖昧になってしまうのである。

逆に、**方針が示され、業務を委ねられれば、人はそのために必要な知識を自ら学ぶ。**「顧客のコストダウンに貢献する営業」という方針があれば、営業担当者は、自分たちの商品やサー

図11●方針を示すことがもたらす好循環

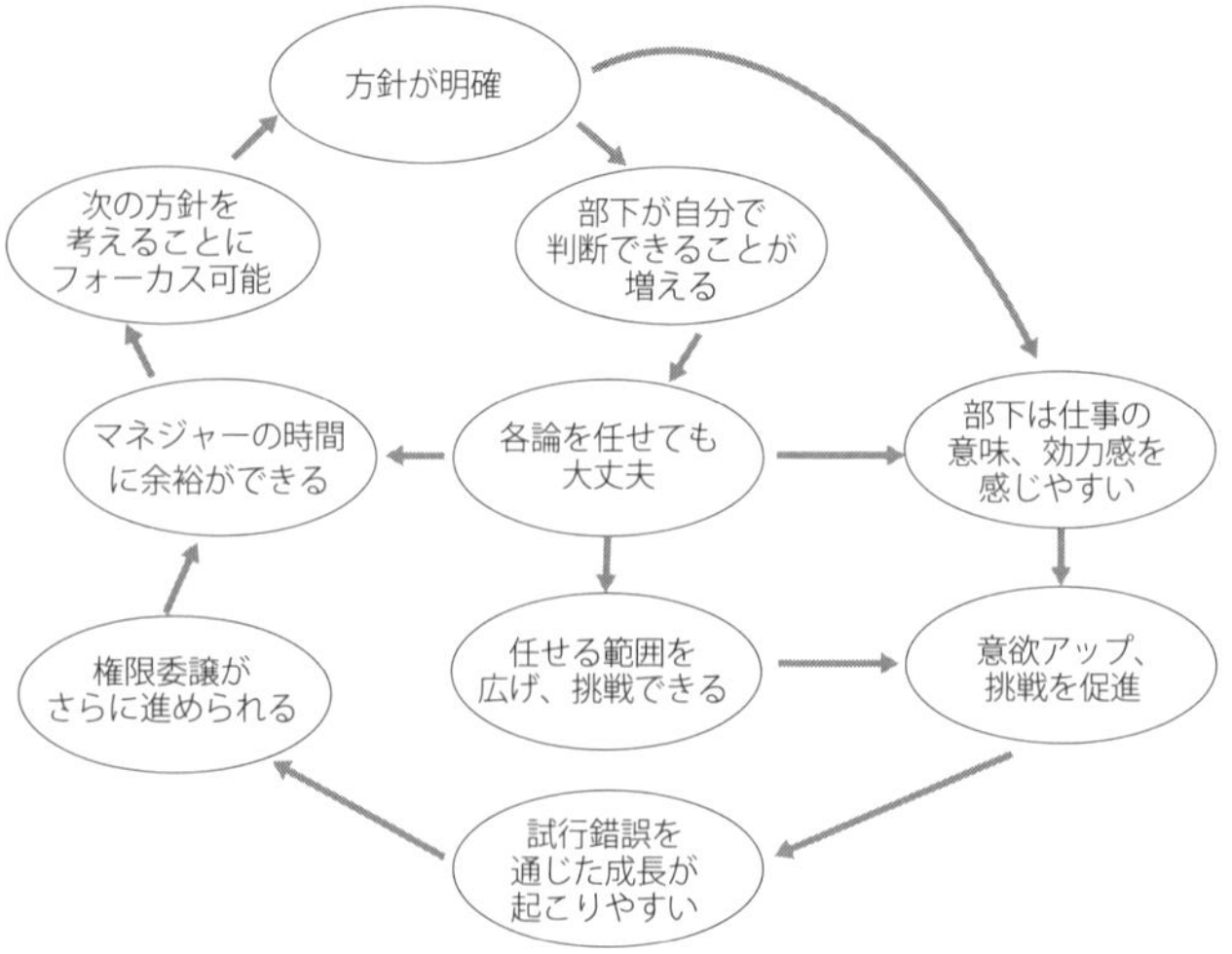

ビスが、顧客のどのようなコストダウンに貢献できるかを考え、顧客のビジネスモデルやコスト構造に関心を持つ。また、「事業に貢献する人事」というテーマを与えられた人事担当者は、事業が成果を上げるためにどのように人材の能力を伸ばし、組織の方向付けを行うかを考える。**そうした自発的な能力開発と実践を促すことこそ、マネジャーが方針を示すことの大きな効用といえるだろう。**

またそういった姿はメンバーから見たときの新しいお手本になる。**方針を決め、それに向けて組織体制や業務を遂行していく「方針で組織を束ねる姿」をメンバーは見ている。まさにそのことがメンバーのマネジメント能力育成にもつながるのだ。**

4 マネジャーの四つの役割

以上の考察から、方針を示すことが、マネジャーの活動の肝であり、方針にフォーカスすることで、日々の業務管理をメンバーに委ねることが可能になること、方針を示すことが自律的な学びや、組織の相互理解を促すこと、等を感じていただけたと思う。

そこで、本書では「方針☆」に焦点を当て、マネジャーの仕事を以下の四つだと定義したい。取り組み方の順序をわかりやすくするため、いわゆるＰＤＣＡのサイクルに当てはめて定義しよう。

①自組織の方針を決める（Ｐｌａｎ）

②方針をもとに、メンバーの役割を決め、日々の仕事を任せ、育てる（Ｄｏ）

③方針をもとに日々判断し、メンバーにフィードバックを行い、行動・考え方を修正する（Ｃｈｅｃｋ）

④方針を振り返り、修正や改善、調整を加え更新する（Ａｃｔｉｏｎ）

先の「現在と未来」「人・組織と業務」からなる四つのマトリックスでもよいのだが、より「方針」にフォーカスしたものにしたほうが、マネジャーの役割の大きな変化を象徴的に示していること、また、いわゆるＰＤＣＡのサイクルを当てはめることで、より時系列での順序がわかりやすいこと、の二点から、右記のように定義した。

この定義は、これまでの数章で述べてきたことをまとめなおしたものだ。ここで改めて、この四つの項目に通底する四つの考え方について整理しておきたい。

「未来」×「業務」の方針を持つ

まず一つめは、「未来」×「業務」の方針を持つということだ。これまで見てきたように、「現在」×「業務」の領域にばかりとらわれていると（たとえば「納期厳守！」といった目標など）、目先のことに追われてネガティブスパイラルにはまり込んでしまう。これを避けるには「未来」に目を向けることだ。視点を高くもって、泥沼を抜け出すのである。

加えて、「業務」に関する方針をもつことが重要だ。というのも、「未来」×「人・組織」や「現在」×「人・組織」の領域は、まず「業務」の方針がなければ、適切に考えられないからである。日々の動機づけ（「現在」×「人・組織」）は、事業がどのような方向をめざし、その中で個々の仕事

☆ここでいう方針とは、一般的に語られる、戦略や戦術、行動方針、目標など、諸々の概念を含むものとしてとらえていただきたい。その内容は組織やマネジャーのおかれた状況によって判断されるべきものであり、厳密な定義はあえて行わない。ただし、大まかな指針として、方針にどのような要素を含めるべきか、どのような水準で定義すべきか、については第4章で述べる。

がどう位置づけられているか、個々の仕事がどう役立っているかがわからなければ、十分に機能しない。また、能力開発や組織開発（「未来」×「人・組織」）も、そもそも事業が向かう方向が見えなければ、その具体的に考えることができない。まず「未来」×「業務」の方針がなければならないのだ。

決めることが大切だ

二つめは、言葉のままだが、**「方針を決めるのはマネジャーの仕事である」**ということだ。マネジャーとメンバーの違いを分かつもの、それは方針を決める「役割」なのか、それとも、方針を実現する「役割」なのか、ということだ。もちろん、方針を描く過程にメンバーを巻き込み、彼ら彼女らの考えを反映させたものにすることはあってよいし、多くの場合は、望ましいことだろう。しかし、方針を「決める」役割はマネジャーが負うべきものだ。明確に、「これでいこう」「これでいくんだ」と決めることが、マネジャーの大きな役割なのである。

ここで重要なのは「決める」ということだ。何が正解かわからず、つねに変化しつづける環境のなかでは、一つ一つの意思決定を行う拠り所が不確かになる。過去の環境に頼るわけにも行かず、一人ひとりの判断に完全に委ねてしまっては、前章で述べた「やってみなはれ」になってしまう。判断基準として「方針」が決まっていれば、それに沿ってマネジャーとメンバーは一つ一つの判断ができ、各自の行動のベクトルが揃い、協働しやすくなる。また、拠り所があることで、よりスピーディな判断が可能になる。現実の仕事においては、一つ一つの判断は瞬時に行わなければならないことがほとんどだ。そうしたなか、「方針が決まっている」ことで、余計な迷いや相談のロスが減るのである。

かつての日本企業において、そうした判断を支えてきたのは、暗黙知の蓄積であったと思われる。長い時間を共にすることで共有されてきた過去の経験からの学び――「こういうときにはこうするものだ」といったものが、判断の拠り所となってきたのだ。しかし、過去の経験が必ずしも通用せず、またベテランから若手まで、正社員だけでなく契約社員や派遣社員などのさまざまな人々が混在する組織においては、こうした暗黙知は機能し得ない。それだけに、判断基準を「方針」として、すなわち言語化され、明確に宣言されたものとして「決める」ことが重要なのだ。

しかし、方針自体が間違っている可能性はどう考えればいいのだろうか？　いくらベクトルが揃い、スピーディな判断ができたとしても、その基となる方針が間違っていては、まったく成果にはつながらない。当然のことだ。その問いに対する答えが二つ目の考え方である。

正解でなくてもいい

三つめの考え方は、**「方針は必ずしも正解でなくてもよく、日々、実行と見直しを通じて、正解に近づけていくもの」**だということだ。

現在の環境において、初めから「正しい」方針を描くことなど、ほとんど不可能だ。もちろん、上位方針と市場の変化、現有資源など、さまざまな条件を考慮にいれ、可能な限り、その時点でのベストの方針を考えよう、とする姿勢は正しい。しかし、どの道、実際に方針が上手くいくかどうかは、究極的には「やってみなければわからない」のである。

しかし、「正しくない（かもしれない）方針を宣言する」ことに対して、多くのマネジャーは腰が引けてしまう。えてして、メンバーはマネジャーに対して、無謬性（＝間違えないこと）を求めがちである。そしてまた、マネジャー自身も、「正しくあること」の難しさを実感しつつ、「正しくなくてはならない」と自分を縛っているケースが多い。真面目なマネジャーほど、そうした罠にはまり、「正しくないかもしれないが、考える限りでは、これがベストだと思う。だからやってみよう」と、メンバーに宣言できないのだ。そして、正しい方針を立てようとして悩んでいるうちに時間が経ち、結果として「正しい方針を立てるのは難しい」から「方針を立てない」ことになってしまう。しかし、これでは、本章前半で紹介した悪循環からは抜け出せない。

こうしたことの背景にあるのが、「方針や戦略には正解がある」という思い込みだ。市場のデータをいろいろな方法で分析したりすると正解があぶりだされてくるというものではない。分析の結果出されてくるのは、現実がこうである、あるいは、将来がこうなりそうだ、ということにすぎない。そうした現実、将来予測に対して、どのように働きかけ、自分たちの未来をつくっていくか、という解は分析の中からは出てこないのである。あくまでも、分析は、方針や戦略を考え出すための手段であり、プロセスにすぎない。**方針や戦略の本質は「主体的な意思決定」**だということは意外と知られていない。これらはあくまでも、自分の意思として、決めるものなのである。

「正しくなければ」という考えに過度にこだわるのをやめ、十分に考え、吟味した上で、もしかしたら間違っているかもしれないが、自分が信じる方針を立てて、やってみる、そして、結果を元に修正する。こうした学習のサイクルを「速く」「衆知を集めて」回すことこそが、矛盾しているようだが、不確実な現代において「結果として正しい」やり方にたどり着く「確実な」方法なのである。そのためには、まず方針を立て、メンバー全員に共有し、ベクトルをそろえ全員で取り掛かり、方針に照らして振り返ることが重要なのだ。

集中から、自律と分散へ

四つめの考え方は、**「集中から、自律と分散へ」**というものだ。

決裁や承認事項、トラブル対応など、マネジャーがやるべきこととされているものは数多くある。結果に責任をもつという立場から、さまざまな業務がマネジャーに集中しがちだ。リスク管理やコンプライアンスなど、管理すべき事項が増えていることも、それに拍車をかける。しかし、それらに時間を奪われていては、上述の悪循環に陥りかねない。

こうした**一般的に「マネジャーがやるもの」と考えがちな業務も、方針を共有しておけば、メンバーの自律に委ねられるものは多い。**また、テーマによってはマネジャー自身よりもメンバーのほうが適性があることもあるだろう。

ポイントは、このように方針を共有し、さまざまな業務を分散してメンバーに委ねることは、メンバーの効力感や自律性を高める効果を持つということだ。自分で仕事を管理することを求められた人は、自然と自分を律するようになるものだ。仕事の一部分だけを任せて「最後はマネジャーがしてくれる」と考えさせるのではなく、「最後まで自分が責任を持ってやり遂げなければ」と考えさせ、緊張感をもたせることで、人は成長する。また、結果として一人で仕事を任され、やり終えたという実感は、効力感を高め、よりいっそうのチャレンジに向けて動機づける役割も果たす。

もちろん、ただ任せるのでは無責任のそしりは免れない。相手の能力に合わせて、任せる範囲や領域を決め、途中で方針からずれていないか確認する。そして、最終的な責任はマネジャーが負う。こうした関わりは不可欠である。

第2章では、「任せるなんて、何が起きるかわからないからできない」というマネジャーについても紹介した。しかし、このようなマネジメントスタイルは、上記の悪循環を通じてマネジャー自身の首を絞め、メンバーのやる気を削ぐ結果になりがちだ。

任せることで育てる、しかし、締めるべきところは締める。それによってマネジャーは、「悪循環」から脱出することができる。その大前提になるのが「方針を決める」ことだ。

5 「方針」が組織を明るくする

本章の最後に、方針に注力することが、必ずしも、前出のマトリックスの「仕事」×「未来」の領域「だけ」に集中するということではないという点を、改めて強調しておきたい。筆者が意図しているのは、方針を定め、それに即してマネジメントを行うことが、人材育成や動機づけ、そして日々の業務の管理も含む、四つのセルすべての質を高めることにつながる、ということだ。

図12を見てほしい。チームの方針を明確に決め、ＰＤＣＡを回すことに注力することで、どのような好影響が「現在／未来」×「人・組織／業務」の各マスに生じるかを整理したものだ。方針に注力することが、実に広い領域に好影響をもたらすことが見て取れるだろう。ここでのポイントは、マネジャーの行動が組織の一人ひとりの行動に好影響を与え、それが結果的に組織パフォーマンスにつながるということである。これまでにもさまざまな場面で述べてきたが、ついついマネジャー

は自分で成果をあげようとしてしまいがちだ。しかし、**遠回りに見えるようだが、メンバー一人ひとりが「自ら行動し」、なおかつそれが「チームとしての方針の下で行われる」状態をつくりあげることが、結果的にマネジャーが成果をあげる近道なのだ。**

特に、方針を定め、それに基づいてマネジメントを行うことが「人・組織」の領域に与える好影響については、改めて別の角度から述べておこう。

図13は、第1章で紹介した調査分析結果の再掲である。この分析結果からは、ミドルマネジャーのどのような関与が、メンバーのリテンションや意欲を高めるのか、が明らかになっている。

なお、「リテンション」とは、個人の勤続意欲を

図12●方針を決めることによる好影響

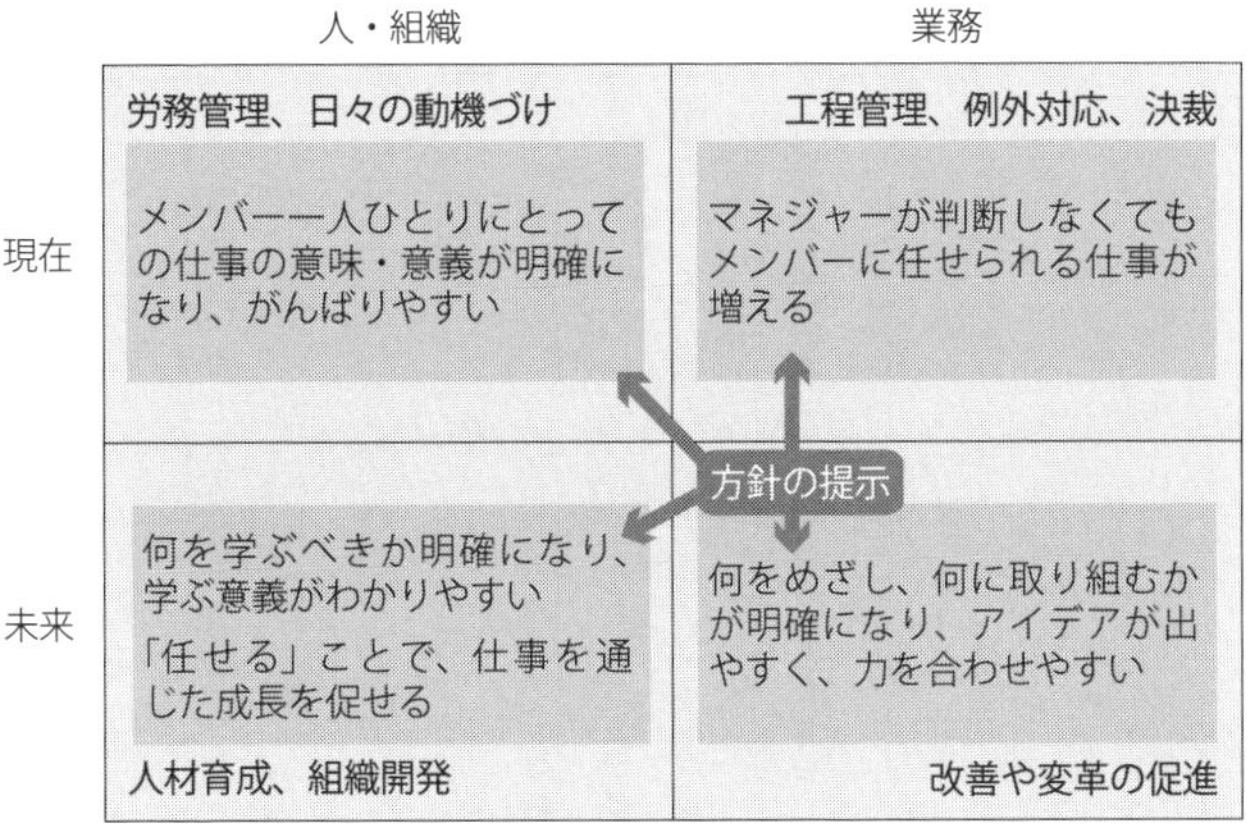
人・組織
業務
現在
未来
労務管理、日々の動機づけ
メンバー一人ひとりにとっての仕事の意味・意義が明確になり、がんばりやすい
工程管理、例外対応、決裁
マネジャーが判断しなくてもメンバーに任せられる仕事が増える
方針の提示
何を学ぶべきか明確になり、学ぶ意義がわかりやすい
「任せる」ことで、仕事を通じた成長を促せる
人材育成、組織開発
何をめざし、何に取り組むかが明確になり、アイデアが出やすく、力を合わせやすい
改善や変革の促進

意味する。「組織のパフォーマンス」は、上位方針や顧客のニーズ、市場の変化をとらえて、めざす姿に向けて試行錯誤する、相互に学びあう、チャレンジする、決めたことをやりきる、といった活動の度合いを示す。「個人のパフォーマンス」は、成果を生み出すための自発的な試行錯誤、自らの能力を高めるための学習などの度合いを示している。

分析結果から読み取れるのは、**リテンションや個人・組織のパフォーマンスを高める上では、「仕事に感じる価値、やりがい」と「職場の信頼関係」、特に後者がポイントとなる**ということだ。そして、「職場の信頼」には、「（入社後の）職場でのコミュニケーション」の影響が強いということが読み取れる。図には示していないが、さらに詳

図 13●個人の満足度やリテンション、パフォーマンスと人事施策の因果関係

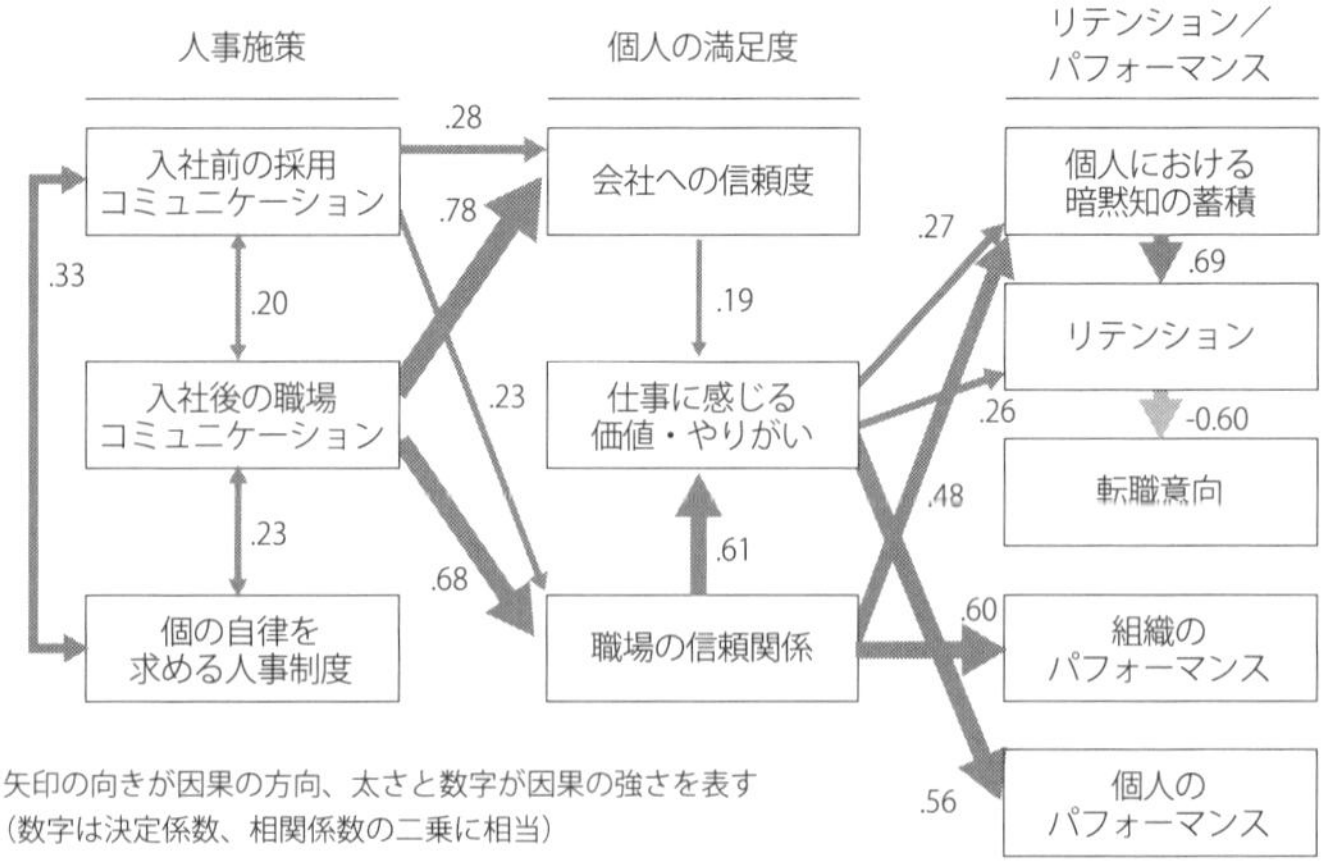

矢印の向きが因果の方向、太さと数字が因果の強さを表す
（数字は決定係数、相関係数の二乗に相当）

出典：リクルート HC ソリューションユニット

細な分析からは、「職場でのコミュニケーション」のなかでも、**マネジャーによる「目的・目標の共有」「評価フィードバックの納得感」が特に強い影響を持つ**ことが明らかとなった。

本章で紹介したマネジャーの役割、すなわち、

①自組織の方針を決める（P）
②方針をもとに、メンバーの役割を決め、日々の仕事を任せ、育てる（D）
③方針をもとに日々判断し、メンバーにフィードバックを行い、行動・考え方を修正する（C）
④方針を振り返り、修正や改善、調整を加え更新する（A）

の、①と③は、まさにここでいう「目的・目標の共有」と「評価とフィードバックの納得感」を高めることに直結する。

方針を示すことは、すなわち、「チームとして、何のために働くのか」（意味・意義・目的）を示すこと、また、「何が望ましい行動なのか」「何が成果なのか」（判断基準）を示すことだ。それによって、自分の仕事の意味や価値がわかる。また、共通の目的を掲げ、共にそれに向けて行動する

ことで、チームメンバー間の信頼関係も生まれやすい。その結果、仕事へのやりがいが高まっていくのである。逆に言えば、方針が示されないままに、「がんばれ」と言われても、「何のためにがんばっているのか」「何をどうがんばればいいのか」がわからず、働き甲斐を感じにくいし、「チームだから協働しないといけない」と言われても、「なぜ協働しないといけないか、よくわからない」のである。意義・意味や目的を語らず、判断基準をはっきり示さないままに、数字やこなすべきタスクのみを示しても、それは方針として機能しない。

また、日々、方針に照らして行動へのフィードバックが行われていれば、結果として与えられた評価に対しても納得感は得やすい。「評価への納得感」に悩むマネジャーは多く、「どう評価を伝えればいいのか」という質問をよく受けるが、評価フィードバックの瞬間に工夫をしても実はあまり意味がない。むしろ、あらかじめ「何を評価するか（＝方針）」を明示し、共有していること、そして日々の活動のなかで方針に沿った行動を褒め、沿っていない行動を指摘するなど、フィードバックを日常的に行うことが重要なのである。それも明確化され共有された方針があってこそ可能になることは言うまでもない。

方針に沿って、望ましい行動をした人が称賛され、外れた行動をすると指摘される、そしてそれ

が日々の業務のなかで日常的に行われる。そうした状態を組織内につくりあげることは、日々の仕事に納得感をもたらすと共に、チームのなかで互いの仕事への関心を生み、望ましい行動を互いに学びあうこと、望ましい成果を生み出すために協働することを促すのだ。

個々の組織に方針が明確にない場合、「何を褒めるのか」の基準が決めにくく、えてして、だれもが認めるスーパースターばかりを称賛することになりがちである。

そうした「スーパースター」の姿は決して他のメンバーが真似できるものではない場合が多いし、そもそも「あの人は違う」という気持ちから、学ぼうという気持ちが起きないことも多い。一方、方針が明確であれば、日々の小さな成果であっても、「方針に沿っている」ものを称賛することが可能になる。そして、周囲に「自分もやってみよう」と感じさせ、「方針に沿った望ましい行動」を広めていくことが可能になるのである。「称賛の仕組み」も、組織に方針があるとないのとでは、形は似ていてもまったく違う成果になってしまう。

このように、**方針に沿ったマネジメントは、組織を明るくする。チームの信頼関係をつくり、個人が仕事に感じるやりがいを高め、結果としてリテンションを高め、個人やチームのパフォーマンス**

を高める効果をもつのだ。この点は、「企業の組織が疲弊している」「現場がモラルダウンしている」といった指摘が、さまざまなビジネス誌や書籍でくり返される今日、改めて協調しておきたい。

筆者には忘れられない経験がある。ある企業で、事業トップとミドルマネジャーが事業方針について語り合い、具体的なアクションプランに落とし込むワークショップをお手伝いしていた際に起こったことだ。ワークショップを終えた夜の懇親会で、あるマネジャーからこう言われたのだ。

「実は、今年いっぱいで会社を辞めようかと思ってたんですよ。事業の方向性もよくわからないし、自分がどう役に立つのか見えなくて、手ごたえがなかったんですよね。でも、今日のミーティングで気が変わりました。もう一つ、ここでやってみたいことが見つかったんです」

方針をトップと語り合い、将来像が見えたことで、同社で働きつづける意味を見出せたのだという。後日、事業トップとお会いした際にその話をしてみたところ、トップ自身もそのマネジャーのそうした状態をうすうす感じていたということ、そしてその後、そのマネジャーが目覚しい成果をあげているということを聞かされた。方針が見えることで個人が変わる、ということを痛感した出来事である。この例は事業トップとミドルマネジャーとの間で起こったことだが、調査データからは、現場のミドルとメンバーの間でも同じことが十分起こりうることが読み取れる。

でも、どうやって?

ここまで読み進めていただいた読者の皆様には、一つの疑問がわいているのではないだろうか。「方針を軸にしたマネジメントの重要性はわかった。でも、実際の場面で、どうやって実践すればいいのだろう?」という疑問だ。

「言うは易し、行なうは難し」である。方針を決め、それに基づいてマネジメントを行うことは、頭でわかっても、実践に移す上では、さまざまな壁がある。そのなかでも、最大のものが、「そもそも、どのように、どんな方針を決めればよいのか」ということだ。世にあふれるマネジメント本にも、さまざまなフレームワークやステップが紹介されているものの、実践に移すとなると利用しづらいのが現実だろう。

次章では、どのようにして方針を描いていくのか、何をもとに、どのような切り口で考えればいいのかについて、実践的なヒントを述べていこう。

●第 3 章のまとめ

マネジャーの役割と、それによって実現される「明るい組織」

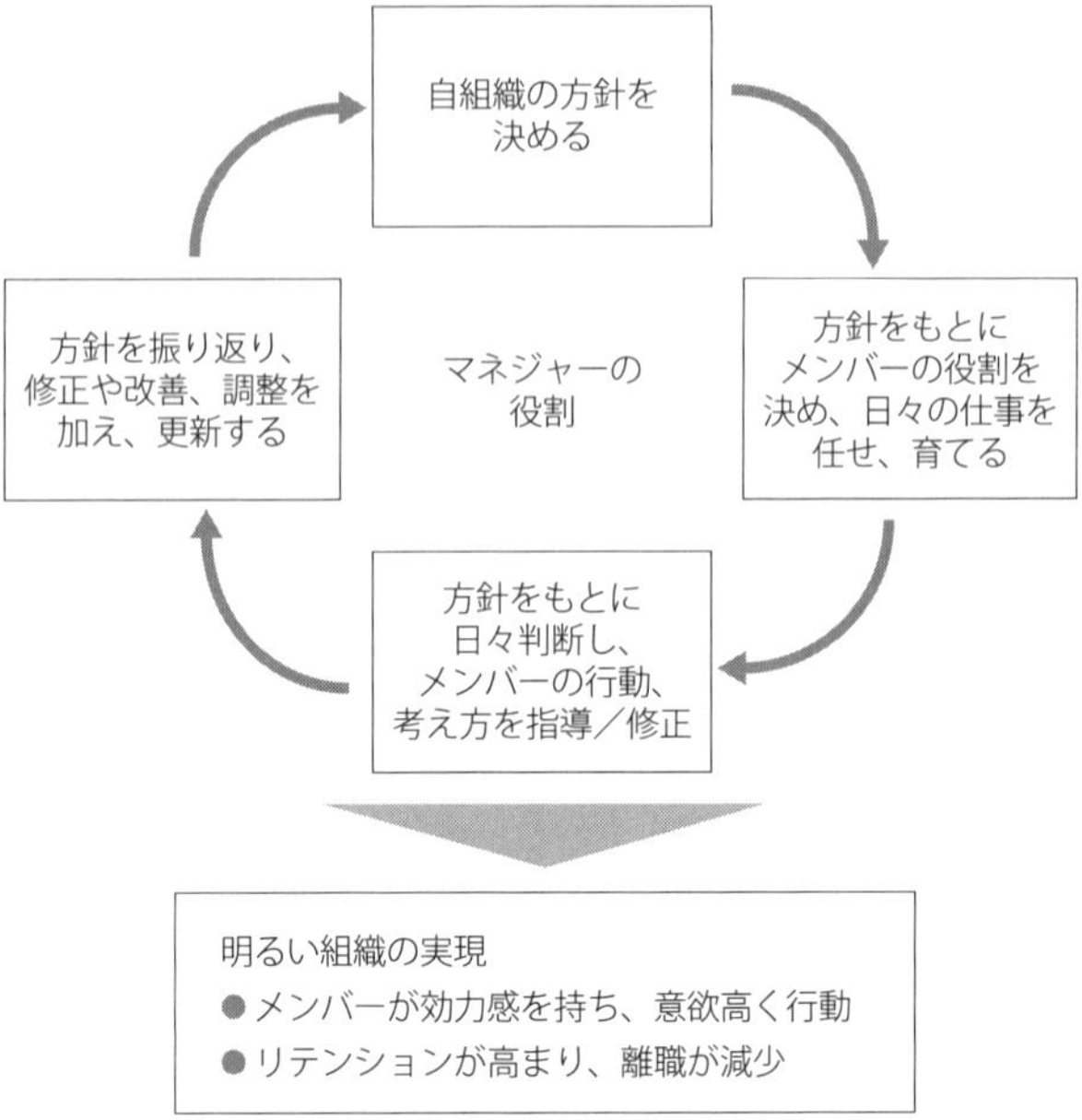
自組織の方針を決める
方針をもとにメンバーの役割を決め、日々の仕事を任せ、育てる
方針をもとに日々判断し、メンバーの行動、考え方を指導／修正
方針を振り返り、修正や改善、調整を加え、更新する
マネジャーの役割
明るい組織の実現
●メンバーが効力感を持ち、意欲高く行動
●リテンションが高まり、離職が減少

第4章

実践「決める」マネジメント

前章では、「人材を活かし、成果を上げる」ためのマネジャーの役割として、「方針」を決めること、そして方針に即してPDCAを回していくことを解説したが、このすべての大元になる「方針を考え、決めること」は、実際にしようと思うと、とても難しいことだ。

また、方針を立てることの重要性を説く本は多くあるが、具体的にどうしたらいいかを指南するものは少ない。もちろん個々の組織が担う役割や市場の状態、抱える資源によって、すべての方針は変わってくるため、包括的に指針を示すのが非常に難しいのも事実である。

筆者は、いくつかのコンサルティングプロジェクトや、方針を立てる研修・ワークショップを行ってきたなかで、「方針を考える、決める」ということが多くのマネジャーにとってどれだけ難しいことなのかを実感してきた。また、多くの企業で、ミドルによる「上位方針を受けた自組織の方針立案」がうまく行かないことが、事業全体の戦略が現場に浸透しないという事態や、現場の疲弊感が高まるといった事態につながっていることを痛感している。

事業全体の方針がシャープになっても、組織の階層を降りていくなかで、トップの方針とはズレた内容になったり、関係のないものが新たに加わったりしてしまう。事業全体の方針が個々の職場の方針として落とし込まれないまま、目標数字だけが分解されていくことも、よく見られる。その結果、「結局これまでと何が違うの？」とメンバーから問われてしまうような方針になったり、「結局僕たちはどうすればいいの？」とメンバーが感じるような、曖昧で漠然とした方針になったりするケースが多いのだ。

「こうやったら必ずうまく方針が立てられる」という指針を示すのは非常に難しいことだが、一方で筆者は、うまく方針を立てるコツや手順もあると感じている。うまく立てられている場合とそうでない場合の違いが見えてきたからだ。この差異に注目すると、より具体的な「よい方針の立て方」のヒントを示すことができると考え、ここにまとめてみたい。

また、方針を立てた後に、それに沿ったマネジメントを行っていく上で、そして方針そのものの振り返りや見直しを行う上でも、いくつかのポイントがあると感じている。それらも併せて、本章では、これまで語ってきたことを具体的にどう「実践」するべきかについて解説していこう。これらはあくまでも筆者が経験則から見出したものであり、これらがすべてというわけでもないし、あらゆるケースに活用できるものでもないだろう。しかし、筆者が経験してきた多くのケースや、筆者自身がコンサルティングを担うチームのマネジャーを務めるなかで学び、実践し、磨いてきたものだ。何らかのヒントとして、活かしていただけるだろう。

1 方針を立てる

方針の立て方① 「質」と「量」を交互に考える

最初に押さえたいポイントは、**良い方針には「質」の要素と「量」の要素が組み込まれている**ということだ。次ページの表に、代表的な例をまとめたのでご覧いただきたい。

「量」には、「売上」や「利益」「顧客数」「生産量」「取り扱い件数」といった、測定可能な成果(中間的なものも含めて)や、「納期」「スケジュール」といった、取り組みの締め切りを示すものが含まれる。

一方、「質」には、「業務プロセスのどの領域に注力するか」「どんな顧客群に注力するか」といった取り組みの焦点を示すものや、「どのような商談パターンでアプローチするか」「どのような手法で開発を進めるか」といった取り組みの切り口を示すもの、あるいは、「どのような商品を作るか」「どんな評価を顧客から勝ち取るか」といった、測定可能な指標を設定しにくい目標を示すものなどが含まれる。

量的な方針がないと、振り返りが困難になり、やりっ放し、言いっ放しの方針になってしまうことが多い。実行や振り返りが伴わなければ、方針を決めた意味がなくなってしまう。測定可能な

図14●量的な方針と質的な方針

量的な方針	質的な方針
●売上20億円 ●利益5億円 ●生産量1000万個／月 ●不良品比率0.2%以下 ●新規顧客で20%、既存顧客で80%の売上を上げる ●新規顧客開拓のために1日100件電話がけをする ●改善提案をチームで10件出す ●3月までに新商品2件の生産ラインを立ち上げる	●顧客の利用状況を事実ベースで把握し、改善提案の機会をつかむ ●医薬品業界をターゲットにA商品を売り込む ●商品設計と生産ライン準備を並行して行う、コンカレントエンジニアリング手法で開発を進める ●品質問題に対処するため、5S（整理・整頓・清掃…）を改めて徹底する ●新商品リリースに注目を集めるため、発表イベントを行う ●大手量販店に注力して店頭販促を強化する

出典：リクルートHCソリューションユニット

基準を決め、日々進捗を管理すること、そして進捗が思わしくない場合には原因を探り、目標を達成できたときには皆で成果を喜び合う、そうしたマネジメントの基礎になるのが「量的な方針」だ。

一方、質的な方針がないと、「どのように取り組むか」、すなわち方針を実行するプロセスにおいて、足並みを揃えにくい。また、具体的なやり方をメンバー任せにしていては、第2章で紹介したような悪しき「やってみなはれ」につながったり、逆に「心配だからすべて意思決定はマネジャーがする」ことになってしまう。メンバー一人ひとりに判断を任せるためには、この枠のなかで行動していればOK、といった「フェアウェイ」を示す必要があるのだ。メンバーに業務を任せ、フェアウェイの枠内で自分で判断してもらう。また、共通の方針をもって一人ひとりが取り組んでいることで、知見を共有し、共に学びあう雰囲気をつくる。そうしたマネジメントのベースになるのが、「質的な方針」だ。

そして、**方針を立てる上での一つのポイントは、「質」について考えることと、「量」について考えることを交互に行っていくことだ。**上位方針が「量的な内容」に偏っていれば、自組織の方針を考える際にはまず「質的な内容」に焦点を当てることが有効だ。逆も同様である。また、自組織の方針のなかでも、「量的な内容」を決めたあとは、「質的な内容」を考え、さらにそれを「量的」な観点で具体化していく、というように何度も往復しながら考えると、わかりやすく、見落としがなく、明確な方針に仕上がりやすい。

まず、悪い例をあげてみよう。自組織の上位の方針・目標が、「現在五億円の売上を、二年後に一〇億円に」と掲げていたとしよう。これを「まず、今年は七・五億円をめざそう」「うちの課は、その四〇%、三億円をめざそう」と分解することは簡単である。しかしこれでは、量的な方針を量的に分解しただけだ。

ここで重要なのは、「それをどうやって実現するのか?」を考え、質的な方針を立案することだ。去年までの課の売上が二億円だったとすれば、三億円に向けてどう一億円の売上を積み上げるのかを考えるのである。ここでマネジャーがやってしまいがちなのは、さらに個人に目標を分解し、「各自五〇%UPの目標」を課し、その実現方法は「各自の努力」に委ねてしまうことだ。これもまた、量的な方針を量的に分解しているにすぎない。

そうではなく、「何を売るのか」「だれに売るのか」「どういう売り方で売るのか」といった、Howを考えていくことが重要だ。たとえば、以下のようなことだ。

●A、B、Cの三つの商品のうち、Cに注力する
●昨年の取引額が五〇〇万円未満の顧客二〇社について、取引額を引き上げていく
●顧客の「担当者」ではなく「決裁者」に会い、直接、商品価値を伝えることに注力する

他にも、「特定のニーズを持っている顧客に集中的にアプローチする」「商品AとBをセットで販売する」「C商品のみの取引顧客に対して、A、Bを案内していく」など、さまざまな切り口が考えられる。いずれにせよ、質的な側面で、まだ決まっていないことを決めていくのだ。

そして、質的な側面の次には、再度、量的な側面に着目する。質的に考えた「やり方」を、「どれくらい」「いつまでに」やるのか、を決めていくのだ。たとえば、上記の三つの例について量的側面を決めると、以下のようなことが考えられる。太字にした部分が、新たに付け加えた、量的な方針だ。

●ABCの三つの商品のうち、Cに注力する
A、Bは前年プラス一〇%程度の売上をねらい、Cではプラス一〇〇%をねらう

● 昨年の取引額が五〇〇万円未満の顧客二〇社で、取引額を引き上げていく

二〇社のうち、七社程度、一五〇〇万円程度の取引に育てる

● 顧客の「担当者」ではなく「決裁者」に会い、直接、商品価値を伝えることに注力する。

三カ月以内に、取引額が一〇〇〇万円以上の顧客一五社のうち、一〇社は決裁者と商談ができるようにする

冒頭で述べたように、質的な方針だけでは、どうしても具体的なアクションを促す力が弱いことがわかるだろう。

そして、「量」を決めたら、今度は、どうやってやるのか？　が気になってくる。たとえば右記の一点目は、「どうやってA、Bをプラス一〇％にするのか」という質的な方針を考えるのだ。ここで気をつけなくてはいけないのは「それぞれメンバーががんばる」「徹底的に〇〇する」というものは質的にはまったく具体化されていないということだ。これでは量的なものを曖昧な程度で表しているだけである。ここでいう質的な方針とは、「アフターフォローから欠品ロスニーズをつかむ」

とか「好調な商品Dとのセット販売を提案する」というような、売り方のストーリーだ。それが見えてくると、再び量的な方針を考えることが必要になってくる。**このように「量」→「質」→「量」とくり返しながら、具体性を増していくことが重要だ。**

こうしたことを考える際に悩ましいのは、「何が正解かよくわからないなかで決めるのは難しい・怖い」ということだ。そしてまた、「メンバー一人ひとりによって、状況が違う」「顧客によって状況は異なる」といった、細かい点が気になることもあるだろう。しかし、だからといって方針を決めないのはまずい。こうした点について以下「方針の立て方②③」でポイントを紹介しよう。

方針の立て方②　衆知を集める

「何が正解かよくわからない」というのは、本書第1章でも説明したことだ。しかし、それを言い訳にして方針を決めないわけにもいかないことは、ここまで読んでいただいた読者にはおわかりいただけるだろう。また、方針は必ずしも正しくなくてもよく、実行を通じて磨いていくべきものだ、ということについても前章ですでに述べた。

とはいえ、有限の時間と資源しか与えられていない以上、実行を通して仮説を磨いていくにしても、方針は可能な限り良いもののほうが望ましい。では、どうやって良いものに近づけばいいのだろうか。

答えは「衆知を集める」ということだ。あなたの上長、すなわちより大きな単位で事業・組織を運営しているマネジャーや、あなたのメンバー、すなわちあなたよりも現場に近く、日々の業務のなかでさまざまな思いと経験を積み重ねている人々にあなた自身の考えた案を説明し、フィードバックをもらうのである。

上長は、あなたよりも広い視界で事業や組織の問題をとらえているかもしれない。また、あなたの案を聞いて「それよりも、むしろこちらに注力してほしい」と代替案を示してくれるかもしれない。また、「その案を実行した際にはこんなリスクがあるのではないか」とあなたの見落としを指摘してくれることもあるだろう。

自分自身でもすっきりしない、生煮えの案の段階で、上長に相談することに躊躇する人もいるかもしれない。たしかに、「そんなことは自分で考えろ」「その程度しか考えていないのか」と言われてしまい、上長から見たあなたの見え方が悪くなることを恐れる気持ちもわかる。しかし、プランの段階で考えがすり合っていなければ、実行段階ではさらに上長とあなたの考えは乖離していく。そのほうがよほどキャリアリスクは高いだろう。

また、上長といっても、具体的なレベルで何をするといいのか、正解が見えていないことが多いのが今の状況だ。互いに正解が見えないなかで一緒に考えるという姿勢に立つのが重要である。たとえば、あなたに「そんなことは自分で考えろ」と言う上長は、自分にも解がないのを部下に知られたくないからそんな態度を取っているだけかもしれない。そんなときは、**明るく「ごめんなさい、考えてみましたが、うまく考えがまとまりません。部長（上長）の考えを聞かせていただけませんか」と問うてみればいい。**あなたなりに考えた具体案を見せることで、上司自身も触発され、方針やアイデアが浮かんでくるかもしれない。上司から大きな方針が示されれば、それに則ってさらに方針を詰めていけばいいし、「たとえばこんな手が考えられるのではないか」と例が示されれば、それをヒントにすればいい。残念ながらそうしたことがない場合には、アイデアをもらうことは諦めて、「自分で考えてやってやろう」と腹をくくるしかない。

メンバーに説明して反応を聞くのも一つの方法である。メンバーに説明しても、彼ら・彼女らの納得が得られない場合には、方針に何らかの不足があるのである。論理のつながりがおかしい、現場の状況を十分に反映しきれていない、実行段階に落とすには具体性が不足しているなど、あなたの方針の不十分な点をメンバーの反応は明らかにしてくれる。また、そもそも、あなた自身が説明する過程で、「ここは論理がつながっていない」「ここは十分に詰め切れていない」というように、方針の穴に気づくこともあるだろう。

ここで大前提として大切なのは、「管理職である自分も、必ずしも正解は見えていない」「しかし、そのなかで、メンバーの知恵も借りつつ、できるだけ良い案を考えたい」という姿勢を示しておくことだ。あなたの示した考えにメンバーが質問したり反論したりすることが許される、むしろ歓迎される、という状況をつくるのが重要なのだ。

「不十分な案を示すと、信頼が薄れるのではないか」という不安もあるだろう。当然、可能な限り考え抜いた上で示すことは必要だ。明らかに思慮が不足した案を示してくるマネジャーを信頼するメンバーは少ないだろう。しかし、自分なりに考え抜いた案を示し、それを磨くために真摯にメンバーの反応を聞くマネジャーの姿勢は尊敬される。逆に、現実を反映していない、実効性の低い案を、メンバーの意見も聞かずに押し付けてくるマネジャーこそ、メンバーから信頼されないのだ。

「上司」という権威で部下を押さえつけ、言うことを聞かせるというスタイルは、第2章で述べたとおり、もはや通用しない。

また、**「方針を全員で考えた」ということ自体が、方針を実行する際にプラスに働く面も忘れてはならない。**方針を決めていく過程に参加し、一人ひとりが意見を述べ、十分に議論されたという事実によって、意見が反映されたにせよ反映されなかったにせよ、各メンバーに方針に対するオーナーシップを持たせることができる。「上司が決めた方針」ではなく、「自分も参加して、合意の上で決めた方針」になるのである。このことは、実行段階に置いて大きな違いを生む。方針が、人ごとではなく、自分ごとになるのだ。

さらに、**方針案を示す前、マネジャー自身が方針を考える段階で、メンバーから「今後どういうことが必要だと思うか」とヒアリングしておくことも有効だろう。**多くの場合、メンバー一人ひとりも、日々の業務のなかで、さまざまな問題意識を持って働いている。あなたには見えていない現場の現実がメンバーには見えているということもあるだろう。そうした知識やアイデアを収集し、あなたが方針を考える上での参考とすればいいのである。

上長はあなたよりも大きな視界で見ており、メンバーは、あなたよりも各論を知っている。彼らを巻き込み、方針を描くプロセスに彼らの知恵を活かすことで、よりソリッドで、多様なアイデアの反映された方針を磨きあげることができる。ただしそれは、皆の言うことを全部盛り込むということではない。さまざまな反応を受けた上で、あなた自身がそれらを統合し、最終的にどのようにしたいのかという「意思」を決めることが重要だ。

方針の立て方③　抽象水準に着目する

方針を立てていくと、個別事情が気になってくることがあるだろう。部門全体に共通する方針を決めようとしているのに、考えれば考えるほど、個々のメンバーによって、あるいは個々のプロジェクトや個々の顧客によって、状況が違っていることが気になり、何を方針にすればいいかよくわからなくなるという現象だ。部門方針を立案するワークショップなどでマネジャーの方々とお話をしていてよくあるのが、以下のようなやりとりだ。

筆者：なるほど。大手顧客に注力して、取引単価をあげていく、ということですね。

では、それをどのように進めていくのでしょう？

参加者：それは、営業担当者が個別に考えることですよ。顧客によって状況は違いますからね。一概には決められませんよ。

筆者：では、個別に考えてアプローチして取引単価をあげる活動を、どうやって推進しますか？　単に「やるぞ！」と伝えても、なかなか営業マンは動けないですよね。

参加者：なるほど、たしかにそうですね。うーん、毎週商談共有会をやって、個々がきちんとやっているかチェックしていくとか。あとは研修ですかね。

筆者：研修って、たとえばどんな研修ですか？　商談共有会では商談のどんなポイントを共有していくことが重要ですか？　それから、「個々がきちんとやる」の「きちんと」とは何を指しているのでしょうか？

参加者：うーん……

このように、「大手顧客に注力して、取引単価を上げていく」という極めて漠然としたレベルから、いきなり「個別顧客の状況に合わせて、各営業担当者ががんばる」という現場の個別具体的なレベルにジャンプしてしまうのである。これらの間に本来あるべきなのは、「顧客の状況をパターン化して、それぞれの基本的な攻め方を決める」といったことや、「取引単価を上げる上でボトルネックとなっている商談上の共通課題を明らかにして、乗り越えるために必要なスキルをどのように皆が習得するか決める」といった、メンバー皆に共通する「取り組み方」を決めることだ。

こうしたレベルまで具体化できていれば、商談共有会で何を共有するのか、また、研修で何を学べばいいか、を決めることができる。また、営業担当者ごとに細かいレベルでは異なるものの、ある程度の類似性のある取り組みが行われることで、互いに情報共有して成功事例を学び合うことが可能になる。

たしかに、細かく見れば、それぞれ個別事情はある。しかし、**方針を立てる際にマネジャーが考えるべきことは、そうした個別の事情に一つ一つ対処するというよりも、「例外はあるかもしれないが、概ね通用する方向性」を決めるということだ。**それによってメンバー間のシナジーが生まれるのである。組織は、一人ひとりでバラバラに取り組む以上の成果を生み出すために存在する。「個別に状況が違うから、具体的な取り組み方は個々のメンバーに任せるしかない」とあきらめて思考停止するのではなく、「そうはいっても共通の側面はないか」と頭を絞ることが重要なのだ。そうでなければ、組織で対応する意味がない。

方針の立て方①で、「質的方針」と「量的方針」を行ったり来たりしながら具体化していくということを説明した。しかし、それをどこまでやればいいのかが難しいところである。抽象的すぎると、「あとはメンバー個人ががんばる」になり、メンバーにとっては「方針が曖昧でどうすればいいかわからない」ものになってしまうし、組織内でシナジーも生まれにくい。逆に、具体的にしようとしすぎると、個別の事情まですべて決めていくことになり、収拾がつかなくなる。また、メンバーにとっては「全部マネジャーが決めてくれる」という依存心にもつながりかねない。

言い換えれば、**方針は、「どうすればいいか」が見える程度には具体的であることが必要だが、同時に「個別の事情の多くに概ね共通するが、各論はメンバーに委ねる」程度に抽象的でなければならないのだ。**

この水準の調整は実に難しい。組織の抱えているテーマの幅広さにもよるし、メンバーの成熟度に配慮することも重要だ。「個別の状況に合わせる」としか言いようがないのである。しかし、マネジャーの工夫のしどころはここにある。メンバーの多くが「なるほど」と思う一方で、彼らが自分なりに工夫して、成果を生み出し、互いに協同し合うような状況をつくれれば、マネジャー冥利に尽きるというものだ。②で述べたように、メンバーに説明し、反応を聞くことも含め、「どの水準で決めればよいのか」を試行錯誤してみてほしい。よくわからないとメンバーが思っていれば、まだまだ具体化や例示が足りないのである。

方針の立て方④　「やったほうがいい」ことは、やらなくていい

方針を検討していくなかで、やらなくてはいけないこと、やりたいこと、やっておくと将来役に立ちそうなこと、など打ち手はいくつも見えてくる。しかし、**取り組む時間と資源は有限である以上、すべてに手を付けることはできない。そこで大切になるのが優先順位をつけることだ。**

複数のテーマを決めた際に、それらのどれが「必ずやらなければならないこと」なのか。また、そのなかでも、「特に優先して取り組むべきことはどれか」といったことを決めておくことは、メンバーに権限を委譲して仕事を任せる上でも、自分がいざというときに素早く判断する上でも非常に重要である。逆に言えば、優先順位が決まっておらず、多くの項目がずらりと並んでいるような方針は、方針とは言えない。行動や意思決定の基準として、役に立たないからだ。

たとえば、筆者がコンサルティングを行ったある企業での戦略方針を決める際の議論である。

筆者：そうですか、「安全」「お客様視点」「単価アップ」の三つが今後の方針ということですね。では、この中でもっとも大事なものは何でしょう？

社長：お客様第一、と社内でもよく言っているのですが、やはりまずはお客様に喜んでいただくこと、そのためにお客様の視点で考えることが第一ですね。売上はその後ですね。いかに売上につながろうとも、お客様の視点に立って考えたときに意味のないこと、価値のないことはやりません。また、当社のサービスは、くり返しご利用いただくお客様がかなり多いビジネスです。一度ご利用いただいた方の口コミも大きな影響を持ちます。ですから、その場でお客様に喜んでいただくことは、そのお客様の次のご利用につながり、他のお客様のご利用にもつながっているのです。ですから、つねにお客様の視点で考え、それを長期的な売上につなげていくという考え方が重要になるのです。

筆者：では、「安全」はどうでしょう。たとえば、お客様の要望であれば、安全面で不安のあるご要望でも受ける、ということはありえますか？

社長：たしかに、そういったご要望をいただくことはありえます。しかし、それはやってはいけないことです。安全はすべてに優先するのです。というのも、まずはお客様に安全にご利用いただくことは、当社のサービスの本質だからです。

筆者：では、「安全」が第一、そして「お客様の視点」が第二、「単価アップ」を第三に考えて業務に取り組む、ということですね。

社長：そのとおりです。

この例は、ある大規模サービスチェーンの経営者と行った会話であるため、抽象度がかなり高い議論であるが、優先順位を決めることの重要性がわかっていただけると思う。仮に「安全」「お客様視点」「単価アップ」の三つに優先順位がつけられておらず、すべて並列であったとしよう。そのときに、顧客の安全が必ずしも保証されないような要望が寄せられたとしたら、しかも、その顧客は何度も来店している上得意であったとしたら、担当者はどう判断すればいいだろう？

安全でないかもしれないが、顧客は強く要望している。拒めば問題になるかもしれない。しかも要求を聞けば売上も上がる。もしかすると、担当者は自分では判断できず、上司に確認すると言って客を待たせることになるかもしれない。また、あるいは上得意の期待に応えることを優先して、事故につながるような判断をしてしまうかもしれない。右の例は大組織の経営者視点のものではあるが、小さな組織の運営でも同様だ。このように、優先順位をつけてそれを共有しておくことは、現場ですばやい判断を、方針とずれなく行うための、重要なポイントなのである。

優先順位をつける上で一つのヒントになるのが、その施策は「やるべき」ことなのか、「やったほうがいい」ことなのか、という問いだ。これは筆者がさまざまな組織開発のコンサルティングのなかで見出したもので、とても便利に使えると思っている。

組織の方針について考え、上司やメンバーに伝え、意見を求めていくなかで、さまざまなアイデアが浮かんでくるだろう。特に、「こういうことをやったほうがいいんじゃないか」「もっとしっかり分析したほうがいい」「この領域にも取り組んだほうがいい」など、「やったほうがいい」アイデアがたくさん出てくるものだ。

しかし、これらの「**やったほうがいい」ことをすべて並列に並べて実行しようとしても、組織の焦点が定まらず、時間を浪費することにもなりかねない。**そして、そのことはメンバーの方針に対する信頼を損ね、ひいてはあなたに対する信頼も損ねることになる。そこで問うべきなのが、それは「やったほうがいいこと」なのか「やるべきこと」なのかだ。この問いは、アイデアが本当に価値のあるものなのか、優先すべきものなのかを見極める、非常に良い試金石になる。

「やったほうがいい」アイデアを述べる側には、「時間や資源の制約のなかで成果を出さなければならない」ということへの配慮が欠如していることが多い。必ずしも全体を見てバランスや制約も考えた上での意見ではないのである。またそのアイデアに責任も持っていない。評論家のようなスタンスになっているのだ。たしかに、「やらない」よりは「やったほうがいい」アイデアなのだろう。しかし、はたして「他のアイデアに投じることもできる資源を割いてでもやるべき」取り組みなのだろうか。また、「成果を上げるために欠かすことのできない」取り組みなのだろうか。

「やるべきか」という問いをすることとは、「他の取り組みと比較して、優先すべき理由は何か」「そのことが成果を上げるうえで役立つ理由は何か」を問うことにつながっている。まさに、優先順位を問う質問なのである。

自分が思いついたアイデアに対して「それはやるべきだろうか」と問うことが重要だが、それと並んで、上司やメンバーから出てきたアイデアに対して「それはやるべきか」という問いを返すことも非常に重要である。

●メンバーとの対話の例

メンバー　：◇◇さん、一度、△△をやったほうがいいんじゃないかと思いますが。

マネジャー：なるほど。それは「やったほうがいいこと」なのか、それとも「やるべきこと」なのか。どっちだと思う？　やったほうがいいことは他にもいろいろあるんだ。

メンバー　：「やるべき」だと思いますよ。これを四半期やっておけば来四半期には□□が見込めますから。

（または）いや、「やるべき」まではいかないですね……やったほうがいいくらいの話です。

●上司との対話の例

上司　　　：なるほど。君の方針はよくわかった。加えて○○についても、そろそろ取り組んだほうがいいんじゃないか？

マネジャー：うーん、たしかに、必要かもしれませんね。ちなみに、部長は「やったほうがいい」とお考えですか。それとも「やるべき」とお考えですか。

上司　　　：君はどう思うんだ？

マネジャー：正直申しあげて、わかりません。重要な活動のようには思います。ただ、メンバーのキャパシティを考えると、すでに取り組んでいるプロジェクトに影響が出る恐れがありまして。それで、優先順位の度合いをうかがいたかったんです。

上司　　　：ふむ。競合の動きを考えると、「やるべき」だと思うぞ。今手を打っておかないと、手遅れになる可能性もある。そうだな……じゃあ、このミッションの目標値をちょっと下げて、○○を優先するというのでどうだ。

マネジャー：わかりました。それでもちょっとキツいですが、先々のことを考えるとたしかに必要なことですね。では○○は優先して取り組むことにします。

このように、「やったほうがいいのか、やるべきなのか」を問い返すことは、相手のアイデアの背景にある考えを引き出し、共に優先順位を考えるきっかけとなる。つまり、「やるべき」と主張するには理由がいるし、そのアイデア自体に対してオーナーシップを持たなければならないのである。このような会話をメンバーや上司と行った上で決めた方針に対しては、メンバーも上司もコミットメントが生まれやすい。自分がやるべき、と主張したものが含まれている以上、積極的に関与しないわけには行かないからである。ある意味、「言いっ放し」の無責任発言を防ぐ機能があるとも言えるだろう。

注意すべき点として、上司に対して重要性を問いかけた場合、右の例のように「君はどう思うんだ」と聞き返されることがある。この問いかけをされた部下は、なんとなく「やるべきですね」と答えないとまずいように感じてしまう。そして、自分では疑問を感じているにもかかわらず、ついつい「やるべきだと思います」と答えてしまうのである。上司自身は一切の価値判断をしないまま、部下が自発的に要望を受け入れるように仕向ける、実に巧妙な質問の仕方なのだ。こうした罠にひっかかると、「本当にやるべきなのか」をめぐる議論が上司とできなくなってしまう。小さなことだが、要注意である。

「やるべき」なのかどうかをメンバーに対して日常的に問いかけることは、メンバーに個人の視点だけでなく部門全体の視点で考える習慣をつけること、つまり視界を広げて考えるトレーニングにもつながる。こうした問いのくり返しを経て、マネジャーと同じように部門全体の視界で考えることができるようになったメンバーに対しては、どんどん仕事を任せることが可能になる。

また、方針を決め、実行していく過程では、上司やメンバーだけでなく、他の部門からのアドバイスや要請を受けることも多いだろう。そうした際にも「やるべきか」を問い返すことで、相手のアイデアが単なる思いつきなのか、意志を持った助言なのかを見抜くことができるのだ。

このようにして「やるべき」ことに絞り込んだ上で、残ったテーマのなかで、より「やるべき」ことは何なのかを考えていけば、優先順位をさらに明確につけることができる。たとえば先ほどのサービス業の例では、「安全を犠牲にしてでもお客様の要望に応えるべきか」といった問いである。こうした問いをくり返すことで、もっとも重要なのは何なのかが浮かび上がってくるのだ。

方針の立て方⑤　良い仕事、良くない仕事から見出していく

方針を立てようにも何をすればいいのか、出発点になるアイデアが出てこないこともあるだろう。そうした際に参考になるのは、具体的な「良い仕事」「良くない仕事」に着目することだ。つまり、現実に起きた出来事の中から方針を見出していく、というアプローチである。

あなたのメンバーのこの半年、あるいは一年くらいの仕事を振り返ってみて、「これは良い仕事だった」と思うような仕事はないだろうか。では、そうした仕事について、なぜ「良い仕事」だと思うのかを掘り下げていくのだ。その結果がすばらしいのか、プロセスがすばらしいのか。たまたまの偶然に支えられた成果なのか、それとも、何らかのポイントを押さえているがゆえの「良い仕事」なのだろうか。

また、その「良い仕事」のなかで他に応用可能なポイントはどこか、という問いも重要だ。見習うべきポイントは、業務の進め方なのか、それとも着眼点なのか、もしくは仕事に取り組むスタンスなのか。他の担当者がそのポイントを取り入れた際に、仕事の効果や効率はあがるのだろうか。もしかすると、逆効果になることもあるかもしれない。

複数の「良い仕事」があれば、それらに共通する要素を考えるのもいいだろう。何らかの共通するポイントがあるのであれば、それは他の仕事にも転用可能かもしれない。また、環境の変化や、事業全体の方向性をうまくとらえたものなのかもしれない。組織の全員が取り組むべき、真似するべき「良い仕事」ならば、それは方針となっていく。

逆に「良くない仕事」を起点に考えていくこともできる。「良くない仕事」に共通しているポイントは何だろうか。それを「してはならないこと」として全員が肝に命じることで、組織の成果は高まるだろうか。また、「良い仕事」と「良くない仕事」の差を生んだポイントは何なのだろうか。

いずれにせよ、**「良い仕事」「良くない仕事」という具体的な事例から、そのエッセンスとなるポイントを見出していく作業が、方針立案につながっていくのである。**このアプローチは、目の前で生じた現実をとらえ、そこから見出していくという点で、これまで組織の方針を考えたことがなく、抽象的な志向が苦手な人にとっても比較的考えやすいアプローチだと言えるだろう。またメンバーにとっても、具体例があるためわかりやすい。

しかし、注意すべき点が一つある。それは「良い」「良くない」と感じる感覚が、過去の慣性に縛られていないか、という点だ。再三指摘してきたとおり、今の競争環境は「過去の成功体験がなかなか通用しない」状況である。昔と今とでは勝つためのポイントが変化していることも少なくない。そうしたなかで、**自分が感じる「良い仕事」「良くない仕事」が、過去の経験や過去の勝ちパターンに縛られたものになっていないかどうか、自問自答しなければならない。**「良い」「良くない」と思う理由を考えたときに、その答えが「なんとなく」「だいたいそういうものだ」というようなあいまいなものであれば、再考が必要だ。

たとえば、「顧客のもとに通いつづけ、個人的に信頼を勝ち取る」ということが過去の成功のポイントで、マネジャー自身がそうした行動量によって成功してきた人だとしよう。こういう場合、マネジャーはどうしても、「顧客に足しげく通い、成果を上げている」メンバーの仕事を「良い仕事」だと感じがちである。逆に、「顧客の課題をとらえ、解決策を練りに練り、顧客にあまり通わず、ピンポイントでうまくアプローチし、成果を上げている」メンバーの仕事を、「偶然の成果だ」「長続きしない」と軽視してしまうこともあるだろう。そうして、後者のメンバーの活動に見るべきポイントがあったとしても、見落としてしまうのである。

マネジャー自身は気づかなくても、メンバーは、過去の勝ちパターンに縛られない「良い仕事」を感じているかもしれない。実際、クライアントの現場のメンバーにインタビューをしていると、**「管理職は、昔の環境と今の環境が全然違うことがわかっていない。顧客の状況も全然違っているのに、昔の価値観を押し付けてくる」といった声を耳にすることは少なくない。**「方針の立て方②衆知を集める」と同様に、メンバーたちに「良い仕事とは何か」を尋ねるというのも、一つの方法かもしれない。

方針の立て方⑥　最後に自分で決める

当たり前のことかもしれないが、最後にはやはり、マネジャー自身が「これでいこう」と決め、宣言することが重要だ。量と質の観点で具体化し、衆知を集め、抽象水準に注意しつつ、優先順位を決める。具体的な良い仕事や悪い仕事からポイントを抽出する。そうして考えていき、**最終的に「決める」ことが重要なのである。**

一度決めれば、次は徹底的に実行することだ。日々の業務のなかでの意思決定や判断を、「決めた」方針に沿って行うことである。そしてメンバーに対しても、方針に沿った行動や判断を求める。方針に合った行動をしていれば認知・称賛し、ズレていれば指摘し、修正を求めるのである。

しかし、一度決めたものの、実行していくなかで、方針を修正すべき点が出てくることもあるだろう。また、まったく成果が出ず、根本的にやり直しが必要になることもある。**そうした際に重要なのは、「決めた」ことを見直し、また「決める」ことだ。**

なんとなくずるずると修正していってしまうと、マネジャー自身に方針がないように見えてしまう。メンバーから「上司はブレていて信頼できない」「どうすればいいのか、わからなくなった」と言われることにもつながるだろう。**必要に応じて、方針は見直さなければならない。しかし、宣言せずになし崩し的に見直すのではなく、「間違っていたからこう直す」と宣言し、改めて、その新しい方針に沿って行動、判断することが重要である。**

「決める」ためには、マネジャー自身の覚悟も必要だ。決めた途端に周囲から変化への反発が起きる。「こういうときはどうするんだ」「○○みたいな例外もある。軽視するのか、大事ではないのか」など。そう言われると自分の中にも迷いが生じ、決めることから逃げたくなる。しかし、決めずにやりすごしたり、中途半端な折衷案でこういった反発に折り合いをつけていては何も始まらない。こういう抵抗勢力に対して、自分の考えを説明しつづけ、ブレないことが重要だ。

「決める」ことには、そのつど責任が発生する。「間違っていた」と宣言することにも、決めた人の責任が伴う。しかし、決めなければ、それは正式な方針とはいえず、行動判断の基準としてはなかなか機能しない。また「間違っていた」と宣言せずに、なし崩し的に見直すことは、方針の価値や重みをなくしてしまう。**方針を実行するのは組織全員の役割だが、方針を決めるのはマネジャー**

の仕事である。そして、結果を引き受け、責任を持つのもマネジャーだ。

②方針を組織に浸透させ、実行し、振り返る

立案して、決めた方針は、組織全体に浸透し、実行しなければならない。そして、実行した結果を振り返り、方針をさらに磨いていく必要がある。

ここで重要なのは、中途半端に実行するのではなく、組織の全員で「やりきる」ことだ。「方針を徹底してやりきっていない」状況では、望ましい結果が出なかった場合に、「方針が間違っていた」のか「徹底が不十分だった」のか、判断がつかない。そして、えてして「なんとなく方針を見直す」ことになったり、「なんとなくそのまま続ける」ことになったりするのである。これでは、考え抜いて立てた方針も骨抜きになってしまう。方針を実践につなげるのは容易ではないのだ。

方針を実践につなげていく上での壁は、実は、方針そのものの中に存在する。方針の立て方の節で述べたとおり、方針とは、「個別具体的なやり方」を示すものというよりも、「多くのメンバーに

共通する」、ある程度の抽象水準で設定するものだ。そのため、それを受け取るメンバーには、「自分の役割や担当範囲に当てはめて、具体的な行動に落とし込む」ことが求められる。センスのいい人材はすぐに解釈できるだろうが、そのような人材ばかりではないのが組織の現実だろう。

また、方針に沿って、何らかのかたちで今までの活動を見直すことが求められる、あるいは新たな取り組みが必要になる場合があり、これも浸透を阻む壁となる。**今までの行動を変えたり、新しいことに取り組むことには、だれしも多かれ少なかれ抵抗を感じるものである。**そうした心理的な抵抗を乗り越えていくことが、方針の浸透には求められるのだ。積極的に新しいことにチャレンジすることを好む人もいるだろうが、そうした人であっても、長年染みついた習慣やモノの見方、考え方を変えることは容易ではない。

こうした壁を乗り越えるために手っ取り早いのは、マネジャー自身が身をもって体現し、「背中で見せる」「やってみせる」ことである。自ら立案し、発表した方針に沿って、実践や意思決定をしている姿を見せることで、具体的な理解を促す、また「変えなければならない」という覚悟を示すということだ。

しかし、第2章でまとめたように、現在の事業環境や組織においては、こうした行動はなかなか難しい。メンバーの人数が多く、「一人ひとりにまでやってみせることができない」、あるいは、業務の複雑化、多様化によって「やってみせても、ポイントが伝わらない」、また、変化の激しさから「マネジャー自身がやってみせられない」といった問題があるためだ。

では、どのようにしてメンバーに、方針を理解し、具体的な行動に落とし込み、日々実践するように促していけばいいのだろうか。

以下では方針の共有・浸透について具体的な手法を紹介したい。もちろんここにまとめたものがすべてではない。また当てはまらないケースもあるだろう。われわれが実際にコンサルテーションで行ってきた事例として参考にしていただきたい。

実践の促し方①　方針をわかりやすい標語にする

まず一つめのアプローチは、**方針そのものを、シンプルでわかりやすく、覚えやすい標語にする**ことだ。日々のマネジメントのなかで、そうした標語をくり返し語ることで、メンバー一人ひとりの記憶に焼き付けるのである。その上で、日々の行動、判断の際の指針になるようにしておくことが望ましい。マネジャーが一つ一つ指示、判断しなくてはならないようでは、マネジャーの使える時間が、組織のアウトプットの限界になってしまうし、メンバーの意欲や成長という観点でも望ましくない。第三章で述べたように、メンバー一人ひとりが自律的に判断できるようにすることで、マネジャーが関与しなくてもいいことはメンバーに任せ、組織のパフォーマンスを高めるとともに、個人の効力感や意欲を高め、成長を促していけるようにすることが重要だ。

こうした標語化は、方針のなかでキーになるポイントを徹底するために行うものだ。具体的には、「どんな価値をだれに提供するのか」「どんな基準で行動・判断するのか」「どんなプロセスを重視し、どう結果に結びつけるのか」といったことを標語化することになるだろう。

前者の例としては、アサヒビールの**「すべてはお客様の〝うまい〟のために」**が、わかりやすいだろう。「あらゆる現場の、あらゆる仕事は、最終的に飲料を飲まれるお客様に、〝うまい〟という感動をお届けすることを目的になされなければならない」ということを簡単なフレーズで示している。

また、後者の例としては、ヤマト運輸でかつて語られていた**「サービスが先、利益は後」**というフレーズが当てはまる。お客様に良いサービスを提供すること、そのための体制を整えることにまず取り組むことが重要であり、利益はそれが達成できれば自ずとついてくるものだ、という判断基準を示している。他に、筆者が過去に耳にしたもので秀逸な例としては**「上司は二の次」**というものがある。これは、上司の言うことや顔色に目を向けるよりも、市場に目を向け、事業として何に取り組むべきかを自分の頭で考えろ、という価値観を端的に示したものである。

これらは、いずれも企業レベルで発信されたものだが、現場の部門レベルでも、同じように、方針を簡潔なフレーズで表現することは有効である。方針を標語化し、くり返し伝えることは、メーカーの生産現場などで、一般的によく行われている手法である。業務に関わる人数が多く、なかなか一人ひとりにまで浸透させることが難しいがゆえに、簡潔な標語が定着しているのであろう。だがホワイトカラーの現場に置いても、こうした標語の有効性は変わらない。わかりやすく、徹底することで、メンバーの行動に影響を与えることができるのだ。

標語をつくる際には、いくつか注意すべきポイントがある。まず一つめは、**「優先順位をはっきりさせる」**ことだ。方針の立て方のところでも述べたが、重視することがいくつも並んでいては、いざというときの判断の基準としては役に立たない。現場での判断はつねにどちらとも言いがたいギリギリの判断だ。方針を実行する上で肝になるような優先順位を明確に示すことが重要である。

たとえば、「～**のみ**に貢献する」「お客さま**第一**、**第二**は○○、**第三**は□□」「△△は**やらない**」「**すべての**業務で○○に取り組む」などの表現を用いることがその例である。太字の部分に注目していただきたい。いずれも、価値判断が明確に示されていることがわかっていただけるだろう。この太字の部分がなかったら、「～に貢献する」「お客様、○○、□□が大事」「△△も場合によってはやる」「業務で○○に取り組む」など、たいして意味のない言葉になってしまう。価値観をはっきり示す強い表現を用いることで、マネジャーの方針に対する意思を明確にすることができるのだ。「結果も大事だがプロセスも大事」と言うよりは、「プロセスのみにこそ価値が存在する」のほうがプロセス重視の姿勢が伝わるであろう。また、「業績も大事だが、メンバー育成も大事」ではなく「業績も大事だが、メンバー育成こそ重要な仕事」と言ったほうが、育成を重視しているということを明確に感じ取れる。

二つめは、**表現の工夫**である。「韻を踏む」「極端な表現を使う」「意表を突く」といったことがあげられるだろう。たとえば、方針の考え方で述べたように、「やったほうがいい」ことにパワーが分散するのを防ぎ、「やるべき」ことだけに組織運営を集中するためのフレーズとして、筆者がよく使うのが、**「やったほうがいいことは、やらないほうがいい」**という標語だ。口に出してみていただければわかるのだが、韻を踏んでおり、印象に残りやすい。しかも、「やったほうがいい」のに、「やらないほうがいい」と言っており、初めて聞いた人は一瞬、意表を突かれるため、印象に残りやすい。

もう一つの、筆者が実際に職場でよく使う標語に、**「がんばらなくていいから結果を出せ」**というものがある。えてして、安易に「がんばります」というメンバーほど、どうやったら結果が出るかを考えておらず、またその業務の目的を考えず、ただ闇雲に長時間、効率の悪い方法で業務をこなしていることが多い。また、「がんばった」のだから「結果が出ていな」くても仕方がない、と自分をごまかして責任逃れをしているケースも多い。そのことに気づいた際に、「どうやったら成果が出るかを一人ひとりが逃げずに真剣に考える」という行動を促すために考えたフレーズである。実際には、結果を出すためには、効果的な方法を徹底的に考えた上で、さらに、徹底的に実行することが求められるため、「がんばる」ことは必須だ。しかしあえて、「がんばらなくていいから結果を出せ」と言うことで、「がんばる」ことを宣言することには意味がない、むしろ結果が出なかったときのために事前に言い訳をしているようなものだ、ということを伝えているのである。こうした極端なことを言われると、やはり印象に残りやすいのだ。

三つめは、**「マネジャー自身が毎日言いたくなる」「くり返し言っても平気」な言葉にすること**である。マネジャーが毎日言っていることは、自然とメンバーにも浸透していく。筆者がこれまでに目にしたなかでも、もっともこうした浸透がうまくいっているケースとして、ある会議でのすべてのメンバーの発言の節々に、事業部長の方針が反映されていた、という例をご紹介したい。

その組織では、法人に対して広告営業をしており、広告に対する消費者の反響（問い合わせや、消費者の来店など）を出すことが顧客への提供価値となる。そこで「一つでも多くの反響を（広告主に）お返しする」という方針を事業部長が決めていた。

私が参加したのは、その事業の期初の全体ミーティングであった。前の期に優れた業績をあげたメンバーを表彰したり、新たな期に向けてマネジャー陣が方針を発表したりする場である。そこに登場した各メンバーが語った受賞コメントや抱負のなかで「一つでも多くの」「反響をお返しする」という言葉が随所に入っていたのだ。

このケースでは広告を販売するわけだから、言ってみれば反響は一つでも多いほうがいいに決まっている。しかし、「お客様に多くの反響を返す」という言葉と「一つでも多くの反響」ではだいぶ感じが違うだろう。「一つでも多く」とすることで、もっといい方法があるのではないか、と か、最後まで妥協せずにやろう、という意識や行動が生まれるのである。そうした言葉があらゆるメンバーの口から出るということは、それだけ現場での行動のレベルが変わってくるということを意味する。

会議の後に、その事業部門のマネジャーに「なぜこんなに浸透しているのですか?」と聞いてみたところ、マネジャーからは「いやあ、毎日毎日、あらゆる会議で事業部長から聞かされているうちに、自然と皆が言うようになっていったんですよ」とのことであった。このように、事業トップが「毎日語る」ことの影響力は強い。

それゆえに、最初から、毎日言いたくなる、くり返し言っても平気な表現にしておくことはとても重要なのである。**口にしづらい、言葉だけ美しい標語を設定しても、結局は自分が使わなくなり、もちろん浸透は難しい。**

実践の促し方②　方針をMUSTのものからWANTのものに変える

方針とは、事業にとっては「やらなくてはいけないこと」である。しかし、それを実行するメンバーが、「やらされている」という感覚、すなわち「やらされ感」を持ってしまっては、前に進まない。特に、一人ひとりの行動をマネジャーが細かく管理するのではなく、権限委譲し、判断を委ねるのであればなおさらである。そのため、**方針を「やらなくてはいけないこと（Must）」から、一人ひとりにとって「やりたいこと（Want）」に転換することも重要である。**

そのためのポイントは、方針を考え、決めたら、メンバーの立場になって「それをやる個人にとってのメリットは何か」「やらなかったらどうなるのか」の二つを考えてみることだ。

さまざまな企業のお手伝いをしていて感じることだが、事業トップが示す方針や、マネジャーが語る方針には、多くの場合、「メンバーにとっての、その方針に取り組むメリット」は語られていない。語る側にしてみれば、「そんなものは語るまでもない」「方針として決まったのだから、現場は従って当然」と思うのかもしれないが、それではメンバーの意欲を引き出すことは難しい。

たとえば、「マーケットシェアを一〇％増やし、シェアトップに立つために、□□に取り組む」といった方針を考えてみよう。マーケットシェアを増やすことの従業員にとっての意味は何だろうか。事業全体を見ている事業トップの視界からすれば、「シェアが上がり、トップになる」↓「市場に対する影響力が上がる」↓「価格決定に置いて主導権を握れる」↓「利益率を高めやすい」↓「研究開発のための投資余力を確保できる」↓「長期的に競争力を維持し、雇用や給与水準を高められる」といったシナリオは自明かもしれない。しかし、その一部を担う営業担当者からすれば、これらは見えにくいのではないだろうか。むしろ、シェアを上げるために、競合顧客を訪問し、リプレースを図る大変さのほうが、よほど身近なイメージとして浮かんでくる。

このように、**「自分にとってどんなメリットがあるのかわからない」のに、「大変な取り組みを求められる」方針は、良くて「人ごと」、悪いと「迷惑」なものである。**「事業トップはシェアが増えたら嬉しいのかもしれないけど、それが俺に何の関係があるんだ。大変になるだけじゃないか。現場のこともわからず、でかいことばかり言って」といった不満も生じかねない。これでは、どんなに事業トップから取り組むよう求められても、なかなか身は入りにくい。

メンバーにとってのメリットを示す一つの方法としては、もちろん評価や報酬がある。方針に沿った行動を評価し、ボーナスや昇級など、報酬で報いるということだ。先ほどの例で言えば、競合の取引先をリプレースし、自社の商品を導入した営業担当者に対してインセンティブを支払ったり、担当エリアでの競合比率の改善率を人事評価に反映したり、といったことが考えられる。

こうした手法は、ボーナスや給与のアップ、将来の昇進など、外から与えられる「ニンジン」によって動機づけする手法のため、「外発的な動機づけ（＝外からの刺激による動機づけ）」と呼ばれる。もちろん、「外発的な動機づけ」は有効であるし、組織運営上では非常に重要な打ち手である。しかし、**残念ながら、評価や報酬はえてして飽きてしまったり、慣れてしまったりするもので、効果が長続きしないケースが多い。**また、報酬には原資に限界があるため、全員の動機づけにはつながりにくい、という制約もある。そのため、外発的動機づけだけに頼ることは望ましくない。また、現場の一マネジャーの立場では、こうしたインセンティブの仕組みを自分の方針に沿って活用するには限界もある。

そのため、ここではさらに、「内発的な動機づけ」についても併せて考えたい。「外からの刺激による動機づけ」に対して、「本人の内なる心」からの動機づけという意味だ。具体的には、「仕事やその結果に感じる価値や意義」「その仕事から得られる成長機会への期待」などがあげられる。

その仕事をやることで、「お客様が喜ぶ、幸せになる」様子がイメージできる。あるいは、「社会問題が解決される」「社会が豊かになる」など、社会正義の実現に自分の仕事がつながっていると感じられる。このように、**仕事に価値や意義を見出せると、人は、自分の中から湧いてくるモチベーションに動かされ、仕事に注力するものだ。また、この仕事に取り組むことで何らかの「知識や技術」が身に付く、「自分のありたい姿に近づける」といったイメージを持たせることも有効である。**

それぞれの業務や方針によって詳細は異なるが、こうした内発的な動機づけのインパクトは非常に大きい。特に、マネジャーの立場では、内発的な動機づけによって「やらされている」という感覚をメンバーから取り去ることができる点が非常に重要である。

えてして、マネジャーは「メンバーがやらされ感を持つ」ということに無頓着な場合が多い。特に、自分で主体的に部門の状態をとらえ、取り組むべきことを考え、業績を上げてきた「優秀」な人材ほど、「組織の方針にやらされ感を感じ、主体的に取り組めない」人のことが理解できないことが多いのだ。

自分がやってきたことを、やらない、やれないメンバーに対して、ついつい、「組織で決まったことなのだから、さっさとそのなかで必要なことを考えて取り組めばいいのに、なぜやらないいんだろう?」と、イライラしてしまうのである。くり返しになるが、プレイヤーとして優秀だった人ほど、この罠にはまってしまうことが多い。

しかし、いわゆる「普通」のメンバーを動かすためには、その視点から考えていては、難しい。**平均的なメンバーや、やや後ろ向きなメンバーにも、「やってみようか」とつい感じさせるような伝え方や意味づけを工夫することが重要なのである。**

方針に沿って仕事に取り組むことが、お客様や社会にどのような価値をもたらすのか、自分たちは、それを通じて何を学べるのか、将来どのように幸せになれそうなのか、といったことを言語化し、意味づけ、ストーリーづけして語ることである。

メンバー：課長は新規顧客の開拓をしろとおっしゃいますが、特にニーズがないお客さんを訪

課長　問して売り込むことに、意味が見出せないんです。

課長……お客様は必ずしも、私たちの商品を知っていらっしゃるわけではない。私たちの商品は、□□のコストを下げるという点に関しては、かなりの水準に達している。それを考えれば、いま私たちの商品をご存じないがために、無駄なコストをかけてらっしゃるお客様を訪問して、良さをお伝えするというのは、実はとても大切な仕事なんだ。お前が訪問しなければ、その機会にお客様は巡りあいえないんだから。

メンバー……そうはいっても……。

課長……それから、私たちの商品は、お客様のオフィスの無駄な□□消費を減らし、環境負荷を下げる、という点でも、業界トップクラスだ。私たちの商品を社会に広めることは、即、地球環境の問題を軽減することにもつながっていくんだ。君の入社動機も、たしか環境問題の解決に貢献したいからじゃなかったか。

メンバー……なるほど……そうですね（そうか、今の仕事もそこにつながっているのか……）。

課長……日々の行動は大変だと思うが、お客様、社会の貢献につながっているということを忘れてはいけない。

また、一方で、**「やらなかったときにどうなるのか」を伝えることも、有効な方法である。**よく見られるのは、「方針どおりに行動しなくても、自分には何らマイナスの影響がない」とメンバーが感じてしまっているケースだ。こうしたことは、業務の質やプロセスがあまり評価されず、もっぱら量的な結果で評価が行われる企業で発生しがちである。職場の方針と関係ないやり方であっても、数値目標を達成すれば評価される、といった状況では、方針に沿って新しいやり方に挑戦しリスクをとるよりも、慣れ親しんだやり方で安定的に業績を上げたほうが得である。それでは、方針に沿った行動や判断が行われるはずもない。

「方針と関係のない方法であげた業績は評価しない」と最初に明確に宣言し、個人的な危機感をあおることが、まずは有効である。そして、それを有言実行で本当にすることが、その方針への本気度を示すことになる。しかし、先の例と同様に、ここでも、「外発的な動機づけ」だけでなく、「内発的な動機づけ」の観点でのアプローチも重要である。

その具体的な方法としては、方針を実行しなかった場合に自社のビジネスにどのような悪影響があるのか、また顧客や社会にとってどんなデメリットがあるのか、といったことを丁寧に説明することだ。たとえば、上述の「マーケットシェアを一〇%増やし、シェアトップに立つために、□□

に取り組む」という方針について考えてみよう。マーケットシェアを増やせず、逆に競合にとられてしまった場合に何が起きるのか。たとえば、「シェア低下」→「価格決定力ダウン」→「利益率低下」→「開発投資が枯渇」→「じり貧に」といったシナリオが考えられるであろう。また、「開発投資ができないことで、お客様のニーズの変化に合わせて価値を提供しつづけることが難しくなる」といった影響も考えられる。このように、**このまま放置して努力や転換をしなければ何が起こるのか、というバッドシナリオを伝えるのである。そのシナリオに説得力があれば、メンバーは危機感を共有し、自発的に方針の実行に取り組みはじめるであろう。**

もし、仮に、あなたが決めた方針を実行しなくても、「別に何も問題は生じない」とあなた自身が感じるのであれば、その方針そのものをもう一度考え直す必要があるだろう。あなたは、なぜその方針を「やらなければならない」と思ったのだろうか。あなた自身に解がない状態では、メンバーを方針の実行に向けて駆り立てることは難しい。

実践の促し方③　「ヒト」ではなく「コト」を褒める

方針を浸透させていく上で、「方針に沿った行動」を認め、褒め称えることはとても重要である。

人間は、ある行動をやったことが認められたり、褒められたりすると、またその行動をしたくなる生き物である。**望ましい行動をメンバーが行ったときに、認知、称賛することは、実に有効な方針浸透の手段と言えるだろう。**

また、何かの行動を褒め、それ以外の行動を褒めない、ということはマネジャー自身の価値基準を示すことに他ならない。褒める、ということは、その行動がマネジャーの考え、すなわち組織の方針と合致しているというメッセージになるし、逆に、褒められない、ということは、その行動がマネジャーの考えとずれているというメッセージになる。方針に合った行動や取り組み、考え方を褒め、そうでない行動を褒めないことによって、それを言われたメンバーや、周囲で見ているメンバーに、どういう行動、取り組み、考え方がマネジャーや組織の方針に合っているのか、具体的な例をもって伝わっていくのである。

ここで確認しておきたいのが、「評価や報酬で報いる」ことと、「褒め称える」ことは別物だということだ。

同じ「しょうさん」という読み方で、用いる文字が異なる「賞賛」「称賛」の二つがこのそれぞれに当てはまる。「賞賛」とは、「何らかのごほうびを与えて褒める」すなわち人事評価や報酬によって褒めるやり方を指している。それに対して、「称賛」とは「声に出して褒め称える」ことを意味している。具体的なごほうびはないが、上司や周囲から口々に褒める、というのが「称賛」だ。

モチベーション理論の研究ではよく知られていることだが、**「賞賛」は与えるうちに飽きてしまったり、慣れてしまったりする**ため、もっと賞賛しなくてはいけなくなることが多いという性質がある。初めてもらった「売り上げ達成賞」の一万円はうれしくても、毎月達成しているうちに当たり前になってしまい、ありがたみがなくなってくるのだ。

その点**「称賛」は飽きない。皆に祝福され、尊敬されることは長く持続する動機づけになる。**また「もっとやってみよう」「またがんばってみよう」という内発的な動機づけにもつながっていく。もう一つのいい点は、原資が必要なく、ゼロサムにならない、ということだ。評価や報酬では、総額や総得点が限られていることが多く、なかなか全員に行きわたらせることは難しいが、口で褒めることは、全員に対して行うことができるのだ。

「評価や報酬でちゃんと報いているんだから、ことさら褒めなくてもいいじゃないか」と考える読者の方もいると思うが、大きな間違いである。上述のように、評価や報酬と、口に出して褒めることは別物だと考えたほうがいい。

そして、**実際に「褒める」際に重要なのは、「何を褒めるかを方針に沿って変える」ことと、「褒める際に、何が良かったのかを方針に照らして説明する」こと、そして、「皆の前で褒める」ことである。**

一点目の、**「何を褒めるかを方針に沿って変える」**というのは、言い方を変えれば、**「方針が変われば、褒めるべきことも変わる」**ということである。何が望ましい行動や判断、取り組みなのか、というのは方針によって異なる。方針が変われば、褒めるポイントも変えなければならない。

至極当たり前のことに聞こえるかもしれないが、実際には、なかなかできていないケースが多い。例として、あるＩＴ系の企業で生じていたことをご紹介しよう。その企業では、「量から質への転換」という方針を社長が策定し、売上至上主義ではなく、「これまでにない取り組み」「他社に展開できそうな先進的な事例」など、質にこだわった仕事に取り組んでいこう、というメッセージを全社に発信していた。

しかし、現場での認知・称賛は、残念ながらそれまでの慣性で、売上の絶対額が大きな人材に対して行われてきた。具体的にいえば、「新しいチャレンジングなプロジェクトを受注した」営業よりも、「売上の絶対額が大きい」営業が称賛されることが続いていたのだ。

このため、まじめに方針を受け止めて、「これからの自社のためには重要なことだ」と考え現場で質にこだわってチャレンジしていた営業の人々は、非常にしらけた状態になってしまっていた。「せっかく方針に沿って新しい取り組みをしても、小額受注のためまったく褒められず、旧態依然のやり方で額だけ稼いでいる人が褒められるんですよ。何のためにがんばってきたのか、さっぱりわかりませんよ」といった愚痴を、何人もの営業の方から異口同音に聞かされた。

方針を変えたのに、かつての「売上額重視」の方針がマネジャー層の無意識にまで染みついており、ついついそれまでの習慣で、同じように褒めてしまう。このようなことに出くわすことは、決して珍しいことではない。無意識に褒めているだけに、変えにくいのだ。

上記の例は一つの企業レベルの話であるが、これは職場単位の方針であっても同じである。職場の方針を変えれば、マネジャーは褒めるポイントを方針に沿って見直さなければならない。しかし、ついつい、過去の方針に沿って褒めてしまうのである。こうした「無意識の壁」を克服する方法は一つしかない。「何を褒めるべきか」を自分に言い聞かせ、くり返し意識して褒めることだ。

褒め方の二点目は、**「褒める際に、何が良かったのかを方針に照らして説明する」**ということだ。一見、そこまでしなくても、と思われるかもしれないが、このひと言を添えることが重要なのだ。

第二章で紹介したとおり、業務が多様化、複雑化した今日においては、「他の人がやったこと」をそのまま真似るというよりも、「やったこと」のエッセンスを共有し、状況が違う他の仕事においても応用できるようにすることが重要である。そのため、**良い仕事の中にある、他の仕事でも応用してほしいポイントや、ほかのメンバーにも見習ってほしいポイントを特に指摘して褒めることが、マネジャーには求められる。**

また、加えて、**方針との関係を説明することが重要だ。言いかえれば、「なぜ褒めているのか」を説明するということである。**褒める際に、何も言わずに褒めるのと、方針に照らして望ましい行動をしているから褒めている、ということを付け加えるのとでは、実は大きな違いがある。

先程の例をあげて考えてみよう。「前例のないプロジェクトを受注し、高額の売上を上げた」場合に、ただ褒めただけだと、「前例のないプロジェクト」だから褒められているのか、「高額の売り上げ」だから褒められたのか、ポイントが明確ではない。受け手によっては、これまでの慣性から「やっぱり高額の売上を上げないと褒められないんだ」と勘違いしてしまうかもしれない。それでは、方針浸透にはマイナスである。褒めたポイントは、あくまでも「量から質へ」という方針にそった「前例のないプロジェクト」の受注である、ということを念押ししておくことが重要なのだ。

そして、最後のポイントが「**皆の前で褒める**」ことだ。ここまでの話から感じていただけると思うが、**褒める際には、褒める相手だけでなく、それを周りで聞いているメンバーにもメッセージを発信しているのだ**という視点に立つことが重要である。人が褒められているのを見れば、自分も同じように褒められたい、そのためにはどうすればいいだろうか、と考えるのが人間の性である。メンバーの行動を褒めるちょっとした一言の積み重ねが、メンバー全員に、方針に沿った望ましい行動を促していくことにつながるのだ。

優秀な成果を上げた人材だけを集めて、パーティをしたり、食事会をしたり、重役会に呼び出したり、といったことをしている企業があるが、実はこうしたやり方はもったいないやり方である。優秀な成果を上げた人々がなぜ褒められているのか、どのような点が称賛されているのかを他のメンバーが見ることができないからだ。逆に、多くのメンバーが集まった場で、優秀な成果を上げた人材を褒めれば、その場にいる全員が称賛の理由やポイントを知ることができる。また、本人にとっても、皆から尊敬の目で見られることで高揚感を感じ、褒められた効果は何倍にも膨らむ。

この際に意識してほしいのが、「ヒトを褒める」よりも「コトを褒める」ようにすることだ。方針に沿った良い仕事をした人を褒める以上、ある程度は「ヒトを褒める」要素は必要なのだが、その際に、できるだけその人がやったコト（＝仕事内容）に焦点を当てて称賛するのが重要なのだ。

「ヒト」に焦点を当てて称賛を行うと、どうしても「やっぱりあの人は違う」とか、「私には無理」「あの人は私たちとは違うから」となってしまいがちだ。それに対して、「コト」に焦点を当てることで、「あれなら私にもできるかも」「同じようなレベルではできないけれど、考え方やちょっとしたことなら真似できるかも」と思ってもらえる。

あくまでも、褒める目的は、方針の浸透であり、実行促進である。そのためには、「方針に沿っ

た良いコト（仕事）」に焦点を当てた称賛が望ましいのだ。

筆者がクライアント先の方々とお話ししていると、「自社にはあまり褒める文化・風土がない」と言われることもある。たしかに、日本の企業の多くは、「褒める文化・風土がない」ケースが多いのかもしれない。しかし、マネジャーであれば自分が担当している組織だけでも「褒める文化・風土」に今すぐ変えればいいのだ。風土・文化はまさに称賛を通じて形成されてゆくものだ。望ましくない風土があるなら変えなければならない。変わらないケースは、今日もそういう風土を変えずに昨日も今日も放置している、その組織のマネジャーの責任でもある。

3 心構えを変える

第3章では、現代の経営環境において望ましいマネジャーの役割について紹介してきた。本章では、ここまでその中核である「方針を決める」「方針を浸透させ、実行につなげる」方法論について紹介してきた。これに並んで重要なのが、「心構え」である。マネジャーが自分自身やその役割についてどのような考え方で臨むか、また、周囲がマネジャーに何を期待するか、といった気持ちのあり方に関わる部分である。

実は、マネジャーがその役割を果たす上では、本章でここまで述べてきたようなスキル、テクニックに加えて、こうした「心構え」も欠かせない要素なのだ。簡単に言えば、第2章であげたような、かつては有効であったが、現在は通用しにくくなっている「上司像」の根底にあった「考え方」を否定することなのだが、それは広く世間に根付いた「暗黙の当たり前」とも言うべきものであるがゆえに、なかなか変えにくいものでもある。ここでは、日常における「心がけること」のレベルで、コツをご紹介したい。

考え方①　「マネジャー＝偉い」という勘違いを捨てる

マネジャーになると、多くの場合、給与水準が上がる。また、マネジャーの座席は職場でも他のメンバーとは一線を画した位置にあることが多い。さらに言えば、マネジャーのデスクや椅子が、一般メンバーとは異なる企業もあるだろう。

組織運営上も、メンバーの人事評価を担い、さらには予算の管理、決済など、さまざまな権限を担うことになる。また、マネジャーだけが手に入れられる情報や、参加できる会議が存在するケースも多い。また、周囲の同僚や顧客、友人、家族からも「出世した」「昇進した」と見られ、ひとまわり自分が大きくなったと感じることも多いだろう。

このように、マネジャーというポジションには、組織メンバーと異なることが多々ある。しかし、ここで勘違いしてはいけないのが、**「マネジャーになった=自分が偉くなった」わけではない、ということだ。マネジャーというのは、第一義的に、組織運営を担う「役割」である。**そして、その役割に見合った「義務」と「権限（情報へのアクセスや決裁権などが代表的なものだ）」が伴う。そして、多くの場合、その「役割」の大きさに伴う金銭的報酬（給与など）や非金銭的報酬（デスクや椅子など）が与えられる。

多くの新任マネジャー（だけに限らないが）が犯してしまうのが、このように期待される役割が大きくなり、それに伴い、権限や報酬が高まったことを「自分が偉くなった」ことと勘違いすることだ。そしてそうした勘違いから、メンバーに対して尊大な態度をとったり、無理に言うことを聞かせようとしたり、あるいは、自分を大きく見せたい、強く見せたい、という思いによって行動してしまうことだ。

この勘違いは、現在マネジャーに求められる役割を果たす上では大きな障害となる。本章で紹介してきた「方針を決める」ことにおいて、それは顕著に現れる。

たとえば、「自分はマネジャーなのだから、メンバーは言うことを聞いて当然だ」と内心思っていると、メンバーが納得して行動できるよう、方針を考え抜くこと、きちんと説明することを怠ってしまう。

もしくは、組織の方針を伝える際に、部下が納得できるような論理や根拠を考えることなく、**「これは会社で決まったことだから」**と伝えてしまうといったことが、その典型例である。ここには、「上司である自分がそう言っているのだから、部下は文句を言わずに承るべきである」という考え（甘え）がにじみ出ている。

また、明確な方針を示さないままに、その場その場の思いつきで組織運営をしているマネジャーにも、同じような考え方が背景にある場合が多い。思いつきで指示を出していても、「自分はマネジャーなのだから正しい」「わざわざ自分の考えをすべて説明する必要はない」と、自己正当化や自己防衛をしてしまうのである。

また、「マネジャーなのだから、間違ってはいけない」「わからないことがあってはいけない」という思い込みから、検討段階の方針をメンバーなどの周囲に共有し、フィードバックを得ることを避けてしまうマネジャーも多い。「自分の考えの足りない部分をメンバーに指摘されたらまずい」というわけだ。しかし、方針を立てる段階でメンバーに弱みを見せなかったとしても、考えが不十分なまま方針を実行すれば、いずれ考えの至らない部分や間違った部分は明らかになってしまう。メンバーは、口に出さなくても上司の考えの浅さを見抜いているものである。「自分を強く見せよう」として、メンバーから自分を守ろうとしても、その魂胆自体が浅はかに見えてしまうのである。

さらに、昨今増えている「年上の部下」をマネジメントする上でも、「マネジャーは偉い」という考え方は通用しにくい。社会通念としての「年長者を敬う」という姿勢と、組織において「マネジャーが偉い」という姿勢がごちゃごちゃになってしまい、組織内での関係性を崩してしまうのだ。ある面では、自分よりも経験が豊富な先輩を相手に、偉ぶっても仕方がないのである。

かつての、経験則が活かしやすい環境で、年功的に運営されたピラミッド型の組織においては、メンバーよりも年長で、豊富な経験をもったマネジャーは、それだけで頼るべき存在であったかもしれない。しかし、現代の「先が見えない」「成功体験が活かしにくい」環境で、年上の部下も含めた、さまざまな人材からなる組織においては必ずしもそうではない。**立てる方針や、それに基づく判断の仕方こそ、マネジャーがメンバーに信頼されるポイントである。その人がどんな人物なのかということよりも、その人の立てる方針が妥当なのかということのほうが、組織がうまく回っていく上では重要なのである。**むしろ「方針を決め、組織を運営する」という責務を果たしていないにもかかわらず、権威を振りかざして言うことを聞かせようとするマネジャーほど、尊敬されない存在もないだろう。

大切なのは、「マネジャー＝偉い」という考えを捨てることである。世の中に、多くの尊敬すべきマネジャーが存在することは間違いない。しかし、その人が尊敬を集めるのは、「マネジャーであるから」ではなく、「マネジャーとしての役割を、高いレベルで果たしているから」である。つまり、マネジャーの「権威」は、マネジャーとしての「役割」を果たした「結果」としてついてくるものなのである。確からしい方針を立て、それを実行し、場合によっては間違いを認め、修正し、結果を出すまでやり抜くことが、マネジャーに対するメンバーからの尊敬や上司、ビジネスパートナーからの信頼を勝ち得ることにつながるのであって、マネジャーという「ポジション」に権威が伴ってくる、と勘違いしてはならない。むしろ、**自然体で「マネジャー＝方針を決めて推進する、組織のまとめ役」と考えて取り組んだほうが、信頼も得られるし、成果も出やすいのだ。**

考え方② 人格者であろうとしない

考え方①にもかなり関連することだが、「マネジャーは立派に振る舞わないといけない」「人格者でなければならない」という考え方もよく見られる。

しかし、考えてみればこれもおかしな話である。たしかに、マネジャーであるかどうかにかかわらず、人間として立派であること、尊敬できる人格を磨くことは大切なことだ。筆者自身、立派な人格の持ち主に接し、自らの至らなさを痛感し、襟を正す気分になることは多い。だからといって、マネジャーになったとたんに「立派であろう」と思うのはどういうことなのだろうか。推測するに、おそらく、「マネジャー＝偉い」→「偉い人は立派でなければ」→「マネジャーは立派でなければ」という三段論法の結果であろう。

こうした「立派でなければ」という考えは、時にマネジャーの行動を阻害する。たとえば、マネジャーがだれに対しても立派であろうとするあまり、組織のパフォーマンスに貢献しないメンバーを厳しく指導したり、組織から外すことを怠ってしまったりということがある。また、時には優先順位をつけるなかで、特定のメンバーのアイデアを切り捨てることも必要だが、それができないと言ったこともあるだろう。もちろん、こうした例は「立派さ」「人格者」を浅くとらえ、勘違いした例だ、と言うこともできる。しかし、こうした行動をとるマネジャーの心の底には、「立派でありたい」「皆から尊敬される人格者でいたい」という心根が存在することが多いのも、また事実なのだ。

マネジャーは、自分自身が「立派であろう」「人格者であろう」とする前に、マネジャーという役割を果たすことに真摯に向き合うべきである。もちろん、メンバーに対してセクシャルハラスメントをする、いじめをする、取引業者に無理難題をぶつけて従わせる、といった、人倫や法的なルールに反することは論外である。しかし、周囲から尊敬されるような立派な人格を身につける、というのは、それだけをめざしてなれるものではない。これも、上述①の権威と同様に、結果として身に付くものなのだ。組織の成果を上げることに取り組むなかで、しかるべき機会に巡り会い、それを通じてさまざまな経験を積み重ね、先輩や上司、ときにはメンバーや取引先から学びつづけることによって、結果として人格が磨かれるということだ。

考え方③　弱みを開示し、助けを求める

①②の考え方をさらに押し進めたものが、「自ら弱みを開示する」という考え方である。マネジャーになると、ついつい「何でもできなければならない」「いつも正しくなければならない」という考えをしてしまいがちだ。そうであるに越したことはないが、人間である以上、必ず限界はある。

ましてや、新たな技術が次々に登場し、市場のニーズが多様化し、ビジネスや業務のあり方が変化しつづけているのが現代のビジネス環境である。**マネジャーがすべてを知っていることなど、現実的には不可能に近い。であれば、積極的に弱みを開示し、メンバーのほうが得意なことはメンバーに委ねてしまおう、**というのが考え方③のポイントである。

メンバーのほうが詳しいこと、得意なことはさまざまに考えられる。たとえば、パソコンやネットワークなど、ＩＴに関する知見はその典型的なものだ。若いメンバーのなかには、マネジャーよりもはるかに効果的に、効率的にＩＴを使いこなしている者がいないだろうか。また、市場の変化

についても、世代や性別が同じメンバーのほうが詳しいことも多いだろう。さらに、社内の他の部門から異動してきたメンバーがいれば、その部門の業務については彼・彼女に聞くのが早いはずだ。

また、人間だれしも得意不得意がある。大胆なアイデアを思いつくのが得意でも、それに向けて各論を詰めていくのは苦手とか、あるいは関係者の合意形成は得意でも、最先端の技術を追い求めるのはそれほど好きではない、また、営業戦略を立てるのは得意だが、予算をきっちり管理していくのはさっぱり、などなどだ。そういった面まで含めれば、「メンバーよりもすべての面で優れたマネジャー」というのは、多くの場合、幻想に過ぎない。

しかし、マネジャーが「自分は何でも知っていなければ」と思う反面、メンバーも、「マネジャーは何でも知っているだろう」「何でもできるべきだ」と期待していることが多い。そのままでは、メンバーが自発的に教えてくれることもなく、逆に、「何だ、あのマネジャーはこんなことも知らないのか」「こんなこともできないのか」と不満を持たれることになってしまう。また、メンバーが知っている情報を知らないままに意思決定をしている姿を見て、「あの人は何もわかってない」「自分ならもっとまともな判断ができる」と内心バカにされるようなことにもなりかねないのだ。

そこで重要なのが、自分の限界を認めた上で、素直にそれを開示し、メンバーに補ってもらう、という姿勢である。もちろん、一定の得意な領域、強みを示し、そこではメンバーに負けないことは当たり前だが重要なことだ。しかし、すべてにおいて勝っている、ということが幻想に過ぎない以上、虚勢を張るよりも、苦手なことは素直に「自己開示」し、メンバーの得意なことはメンバーに委ね、力を発揮してもらうほうが、組織全体としてのパフォーマンスも高まり、お互い幸せである。

マネジャーが何が得意で何が苦手なのかがわかれば、メンバーも「マネジャーはこれとこれをやっておいてください。こっちは僕がやっておきます」というように、より主体的に役割分担をする動きをとりやすい。それぞれが強みに特化し、活かし合うことで、信頼関係を高めていくことができるのである。

もちろん、能力開発の観点から見れば、得意なことばかりやって苦手なことから逃げる、というのは問題もはらんでいる。筆者が言いたいのはそういうことではなく、メンバーのほうが得意なことは肩肘を張らずに任せ、マネジャーが苦手な面をメンバーに理解してもらうことが、相互の信頼関係や組織のパフォーマンスにつながることもある、ということに過ぎない。メンバーの力を伸ばす上でマネジャーが担っている部分を任せていくことが必要だ、と考えるのなら積極的に任せていくべきだし、マネジャー自身が現在苦手としている領域の力を伸ばすべきだと考えれば、その領域をメンバーに任せるだけでなく、自分でもチャレンジしてみればいい。ただ、大切なのは、互いに何が得意で何が苦手か、理解し合っていることである。

考え方④　メンバーと同質化しない

ここまで①「マネジャー＝偉い」を捨てる、②人格者であろうとしない、③弱みを開示し、助けてもらう、という三つのことを述べてきた。これらはいずれも、「マネジャーになったからには」と、メンバーとのポジションの違いを過度に意識することで陥る誤りに関するアドバイスだ。マネジャーになったからといって、ことさらに自分を大きく見せようとか、人格を変えようとか、そういった意識をすることは、むしろマネジャーとしての役割を果たす上で逆効果だということを説明してきた。

しかしながら、マネジャーという役割を担う以上、メンバーと同じ意識のままでいてはまずい点もいくつかある。ここからはそうした点についていくつか紹介していこう。**まず、重要なのは「メ**

ンバーと同質化しない」ということだ。これは言い換えれば「経営視点に立つ」ということでもある。どういうことか、例をあげてみよう。

メンバー　：年度方針では「品質向上」と言っていたのに、今度は「生産性向上月間」って、いったい経営はどうしたいんでしょう？
マネジャー：まったくだ。上が何を考えているのか、俺もよくわからんよ。まあ、俺たちの業績は結局、決まったものをきちんと作ることで評価されるんだから、毎日の業務をきちんとこなしていればいいんだよ。
メンバー　：なんだ、そういうことですか。それならああだこうだ言わなければいいのに。
マネジャー：俺もなあ、品質はどうだ、生産性はどうだって、いろんな報告書出せって言われていてさ、大変なんだよ。それにしても、そういう報告書自体が生産性を下げている気がするけどなあ。まったく、課長なんかなるもんじゃないよ。
メンバー　：あはは。課長も大変ですね。

このように、マネジャーであるにもかかわらず、経営者のメッセージや戦略などの上位方針に対して、文句を言ったり、愚痴を言ったりするケースである。こうした行動をとるマネジャーは、すでに自分が「決める」側に立っていることを、（意図的かどうかにかかわらず）無視して、「人から決められた方針のなかで行動するよう指示される」という立場でものを言っていることが多い。すなわち、上位方針に対して「他人事」として接しており、自分自身が方針決定に関わる立場であり、メンバーに対してその方針の元での行動を促す立場だということを無視して、かつてのメンバーであった頃と同じ態度で上位方針に対しているのである。

こうしたマネジャーは、メンバーからも「自分たちと同じ目線に立ってくれる」と共感を得られることが多い。ある種の仲間意識や一体感で組織をまとめることができるだろう。しかし、こうした姿勢のマネジャーは、「方針を決めて実行する」という立場に立つという責任から（本人が意識しているかどうかはさておき）逃げているのである。本人としては、「ふがいない経営に対しても の申している」という正義感や、「メンバーの声を代表して、経営の問題点を指摘しているのだ」という、アンチテーゼとしての役割を認識しているのかもしれないが、マネジャーの役割を「メンバーの代表者」という程度に小さくとらえており、本来の「組織の方針を定め、実行することで成果を上げる」という役割を無視している。

マネジャーとして、経営層からの上位方針に不十分な点を覚えることはあるだろう。特に、経営層が現場の実情とずれた方針を立ててしまう場合などがわかりやすいケースだ。ただし、その際にとるべきは、「メンバーと一緒になって文句や愚痴を言う」ことではない。方針に意味がないのであれば、経営層に対して「何のためにやるのか」「意味がないならやめよう」と問うこと、あるいは、不足している部分を補った「自分自身の方針」を立て、提言し、それをもとに組織の成果を高めることである。あるいは、上位方針の中から、自部門において重要なものを取捨選択したり、優先順位付けをしたりするのもマネジャーの役割だ。いずれにせよ、**マネジャーは「方針を立てて、組織を動かす」側にいることを忘れてはならない。**

また、これまでのやり方から大きく転換する、現場に新たな取り組みや能力開発を求める、自部門が短期的に不利益を被る、など、メンバーの立場に立つとなかなか心理的に受け入れがたい上位方針が発信されるケースもあるだろう。こうした場合にも、メンバーと同じ立ち位置でただ文句を言っているだけでは、マネジャーの役割を果たしているとは言いがたい。経営者の視点に立ち、その方針が必要な理由や背景をふまえ、メンバーにどのように伝えれば納得を得られるか、また自部門でそうした上位方針を具現化していくためにどのように取り組むかを考えるのがマネジャーの役割である。

上位方針に対して文句や愚痴ばかり言い、こうした役割を果たしていないマネジャーの元では、上述のとおり、短期的な一体感は得られるかもしれないが、マネジャーは上位方針にNoと言っているだけで自分自身の方針がないため、組織としてのパフォーマンスを上げたり、チームとして行動したりすることは難しい。結果的には、第1章で紹介した丸本課長のチームのような、無方針で無秩序なチームになってしまいかねない。

メンバーと同じ目線で経営に対して文句や愚痴を言うことは、ある意味、無責任な立場に身を置くということであり、楽なことだ。しかし、それでは、マネジャーとしての責任を果たすことはできない。**マネジャーには、メンバーと同じ立場に安住せず、「方針を決める」側に立っているという責任を引き受ける姿勢が求められるのだ。**

考え方⑤　方針を決めることから逃げない

これも、マネジャーの役割に伴う責任を引き受ける、という意味で大切な「考え方」である。方針を決めることはとても難しいし、大変なことだ。何が正解かわからず、過去の経験が通用するわけでもない。また、上長に聞いても、抽象的なレベルでの方針は得られても、自部門の抱える業務や人員、顧客等に見合ったより具体的なレベルでの方針は、自分で見出すしかない。そして、方針が間違った場合には、会社に損害を与え、メンバーも成果が上がらずに苦しみ、自分の評価も下がってしまう。

そしてまた一方で、方針がなくても、なんとなく組織は回っていくのである。目の前に業務があり、上から降りてきた数値的な目標があり、日々、なんだかんだとやるべきことは出てくる。マネジャーとして、メンバーの相談や上長からの指示、スタッフ部門からの要求に応えているだけで、毎日は過ぎていくし、それなりに忙しい。スケジュールがぎっしり埋まってくると、すごく仕事をしている感じもしてくる。

しかし、だからといって、方針を決めることから逃げてはならない。これまでも何度も述べてきたとおり、方針を決めないままに、部下の相談に乗り、がんばろうと励ましているだけでは、結局、「どうすればいいかわからない」「方針が見えない」「何のためにがんばっているのか」とメンバーから言われ、不満や不信がたまっていくだけである。そして、毎日忙しいにもかかわらず、確たる成果が見えず、自分たちがやっていることが良いのかどうかもわからず、疲弊感が高まっていくことになりかねない。

方針を決めることは厳しいが、方針を決めることで、判断の軸が決まり、行動が方針に向かって進んでいるかどうか振り返ることができ、自分たちの仕事の進捗や意義を確認する基準ができるのである。そしてまた、方針が明確に共有されており、メンバーの腑に落ちていれば、メンバーに仕事や判断を委ねることが可能になる。このように、**方針を決めることから逃げないことが、結果的にその後のマネジメントを楽にするのだ。**これは、筆者自身がマネジャーとして仕事をしていての実感でもある。**方針を決めたり見直したりする際には、とことんまで考え抜き、厳しい決断をすることが必要だが、一度決めれば、驚くほど組織運営が楽になるのである。**

「良薬は口に苦し」という言葉がある。短期的な厳しさを避けて、一見楽そうな道を選ぶことが、必ずしも正解だとは限らない。マネジメントに限って言えば、「決める」という苦さから逃げないことは、間違いなく「良薬」なのである。

考え方⑥「決めた」結果から逃げない

そして、一度決めた方針の結果から逃げないことが、もう一つ重要な点である。どんなに考えて、方針を決めたとしても、うまく行かないことは必ずある。競合の動き、消費者の行動の変化、技術的な限界、予想もしなかった障害の出現、社内の他部門との調整の行き詰まりなど、さまざまな不確定要素から方針どおりに物事が進まず、なかなか成果が上がらないといった場面である。こうした際に、**方針の間違いは間違いとして明確に受け止め、方針を見直すことがマネジャーには求められる。**

よくあるのは、なんとなくうまくいかなかった、とマネジャーを含め皆が感じているが、明確な振り返りを行わず、日々の業務を処理するなかで、うやむやにしてしまうことだ。そして時間が流れていき、四半期や半期、年間のサイクルで、次の上位方針が発信されたのを受けて、前の方針がどうだったのかの振り返りをせずに、新しい方針だけを決める、ということになる。

この行動がよくないのはなぜだろうか。その理由は、組織としての学びが蓄積されないという点と、メンバーからマネジャーに対する信頼を損なうという点にある。

方針どおりに成果が出なかったのであれば、何か自分たちが予測していなかった出来事が起こったはずである。それは何だったのかを突き止め、次の方針に活かさなければ、また似たような失敗を犯す可能性が必ずある。これでは、組織のパフォーマンスは高まっていかないだろう。

また、マネジャー自身が方針を決めたにもかかわらず、「方針が間違っていた」と認めないことで、「失敗から学び、組織としてのパフォーマンスを高める」ことよりも、「間違いを認めないことで自分の立場を守る」ことを優先している、とメンバーから見られてしまう。仮にそうした思いはなく、なんとなく面倒くさくて放置したのだとしても、こうした私利私欲をにおわせる行動は、メンバーからの信頼を削ぐ行為である。

さらに、「放置する」よりもまずい行動が、「他人のせいにする」ことである。方針どおりにうまく成果が上がらない際に、メンバーに対して「ダメじゃないか、何か他に手は考えていないのか」と責任を追及したり、「部長がああ言ったからやったけど、やっぱりうまく行かなかったな。自分はもともと、うまく行かないと思っていたんだ」と上位方針のせいにしたりするような行動である。これもまた、「自分の立場が大事な人」という印象を周囲に与えてしまい、信頼を削いでしまう。

さらに危険なのは、そうした行動を続けるとメンバーからの危険信号が上がらなくなるということだ。つまり、メンバーたちが、方針に危うさを感じていたり、方針どおりに行かない現実に気づいていたとしても、マネジャーに対して主張しなくなってしまうのである。「どうせあの人は間違いを認めない」とメンバーから見られてしまうと、メンバーはマネジャーに苦言を呈したり、厳しい現実を伝えることをしなくなる。そうなると、マネジャーは「裸の王様」になってしまう。ますますメンバーの感じる現実と乖離した方針決定や判断しかできなくなり、メンバーたちとの信頼関係はさらに崩れていく。当然のことだが、組織のパフォーマンスも低下し、メンバーの意欲や成長も阻害してしまうだろう。

読者ご自身も、自らの間違いを認めない上長を見ていて、そのように感じたことはないだろうか。

方針が間違っていた、と認めることは、自分の立場を危うくするように感じるかもしれないが、むしろ、間違いを認めないことが、それ以上にマネジャーの立場を危うくするのである。方針に沿って全力でやってみたにもかかわらず、成果が出ないのであれば、早めに間違いを認め、何が間違っていたのかを検証し、次の打ち手をメンバーとともに考え、対処していくことが、マネジャーには求められる。

「方針を否定する」ことと、「（方針を決めた）自分を否定する」ということは、まったく別のことだ。一度決めてしまった方針は、あくまでも方針であって、あなた自身ではない。方針が間違っていたとしても、「ダメ」なのは方針であって、マネジャーではない。詭弁のように感じるかもしれないが、これはとても大切なことだ。過去の自分が決めた方針に固執し、過去の自分を守ろうとするマネジャーこそ「ダメ」なのである。（過去の自分が決めた）方針と、（現在の）自分を切り離し、ゼロベースで見つめた上で、「方針が間違っている」と感じたら、迷わず方針を見直すべきである。

考え方⑦　マネジャーの役割を組織内で擦り合せる

ここまでの①～⑥では、現代の環境に置いてマネジャーとしての役割を果たす上で、マネジャー自身が持つべき「考え方」について紹介してきた。次に、周囲にも心構えを変えてもらう必要がある、ということを述べておきたい。

マネジャーに求められる役割が変わった以上、考えてみれば当然のことであるが、マネジャーを取り巻く周囲にもそれ相応の考え方の変化が求められる。特に、最初の①②③の部分の裏返しになるが、マネジャーに「何でもできること」や「立派であること」を求める考え方は、マネジャー自身だけでなく、メンバーにも存在する。かつての「過去の成功体験が活かしやすい」「世の中の変化がゆっくり」した時代であれば普通のことであった、「マネジャーなんだから、何でもわかるはず」「マネジャーが間違うなんて」「マネジャーなんだから、立派であってほしい」「きちんと面倒を見てほしい」といった期待を、メンバーの側もまた、根強く持っているのである。

このままでは、マネジャーがこれまでにあげてきた考え方を持って行動しようとしても、期待のすれ違いになり、機能しにくい。マネジャーが弱みを開示し、助けを求めても、「弱みを開示するなんて、マネジャーらしくない。そんなマネジャーにはついていけない」と思われる恐れがある。また、方針のたたき台を示し、意見を求めた際に、「方針はマネジャーが決めるものだ。自分たちに意見を求められても困る」と引いた態度を取られるかもしれないのだ。

そこで、大切なのは、マネジャーの役割とは何か、メンバーの役割とは何か、について合意を形成しておくことだ。自分たちの置かれた環境——過去の経験則が活かしにくく、トップマネジメントも何が正解かわからず、現場での試行錯誤の中から成果を上げる方法を見出していくしかないという現実についての認識を共有し、その上で、マネジャーは何をする人なのか、メンバーにはどのような行動が期待されるのか、を擦り合わせていくのだ。**マネジャーに万能を求めないでほしい、また、マネジャーは偉い人ではなく、「組織の方針を決めて推進し、結果に対しての責任をもつ組織のまとめ役」なのだ、ということを共有しておくことが大切である。**

4 実践！「決める」マネジメント

本章では、第3章で述べたマネジャーがどのような役割を負うべきなのかということを受けて、その実践のために、具体的にどのように考え行動していくことが重要なのか、そのコツや心構えについてご紹介してきた。

ここまで読み進めてこられた読者の方々は、どのようにお感じだろうか。マネジャーという仕事に取り組んでいく上で、多少なりともヒントが得られただろうか。それとも、マネジャーという役割の難しさに、沈んだ気持ちでおられるだろうか。

改めて言うが、**マネジャーというのは、責任の伴う大変な仕事である。その厳しさを引き受けな**

ければ、マネジャーの役割を果たすことは難しい。逆に、だからこそ、マネジャーには一般のメンバーとは一線を画した権限や報酬が与えられるとも言える。偉いから給料が高いのではなく、役割に伴う責任が重いから給料が高いのだ。

責任を引き受けるのは気が進まない、あるいは得意ではないと考えるのであれば、マネジャーになろうとはしないほうがいいかもしれない。あるいは、すでにマネジャーであるとすれば、そのポジションから身を引いたほうがいいかもしれない。

何度も言うようだが、**マネジャーというのはあくまでも組織運営上の「役割」である。その役割に向いていない人がやりつづけるのは、事業にとっても、メンバーにとっても、マネジャー本人にとっても不幸なことだ。**

多くの企業において、マネジャーというポジションには給与や権限、そして権威が伴っており、「多くの人がめざすべきもの」として位置づけられてきた。しかし、真剣にマネジャーの役割を考え、そこに求められる考え方や姿勢を考えれば、だれにでも向いているものではないし、だれもがやりがいを見出せるものでもない。マネジャーというポジションではなく、メンバーとして、特定の領域のプロフェッショナルとして認められていく道のほうが向いている人、あるいは楽しい人も多いだろう。こうしたマネジャー以外の働き方に関しては本書の趣旨から外れるので割愛するが、「はたして自分はマネジャーとして働きたいのか」ということを自問自答されることを、読者諸氏にはお勧めしたい。

しかしながら、筆者自身も日々感じていることだが、マネジャーとして、組織メンバーとともに事業に取り組み、上長や他の組織、クライアントと関わり合いながら、成果を生み出していくことは、そしてそのなかでメンバーが成長していく姿を見ることは、大きな喜びが得られる仕事である。月並みな言い方ではあるが、**マネジャーとは、自分一人ではできないことを組織の力で実現していく、そのなかで自分自身を磨くとともにメンバーの自己実現にも関与できるという、独特のやりがいと意味があるポジションだ**と言えるだろう。

なんと言っても、第3章で述べたとおり、機能するマネジメントは組織を明るくする。**あなたのもとに配属された人材が、やりがいを感じ、イキイキと活躍し、成長していくかどうかは、あなたのマネジメントに大いにかかっているのである。**

もし、本書から学ぶ点があったのであれば、明日からのマネジャーとしての業務において、ぜひ実践していただきたい。どんなことでもそうだが、言葉を読んで頭でわかることと、実践してみて本当にできるようになることの間には大きな隔たりがある。おいしい料理の作り方を本で読んで「なるほど」と思ったとしても、実際に料理がうまいかどうかは、まったく別の問題だ。マネジャーとしてのスタイルを変えていくことも同じである。

まずは、実践してみて、効果があったものを習慣化し、あなたなりのマネジャーとしてのスタイルをつくりあげる道を歩みはじめていただきたい。その結果として、あなたとあなたの組織のメンバーの皆さんのやりがいと成長に貢献できたとすれば、筆者にとって最高の喜びである。

●第4章のまとめ

実践・決めるマネジメント　明日からできるマネジメントTIPS

方針を立てる	●「質」と「量」を交互に考える ●衆知を集める ●抽象水準に着目する ●優先順位をつける	●良い仕事、悪い仕事から見出していく ●最後に、自分で決める
実行を促す	●方針をわかりやすい標語にする ●方針を「MUST」のものから「WANT」のものに変える	●認知し、称賛する
心構えを変える	●「マネジャー＝偉い」を捨てる ●人格者であろうとしない ●弱みを開示し、助けを求める ●メンバーと同質化しない	●方針を決めることから逃げない ●「決めた」結果から逃げない ●マネジャーの役割を、組織内ですり合わせる

▼

明日から実践し、習慣化することで、
「自分のスタイル」をつくりあげる

エピローグ

医薬品メーカーZ社。定時を過ぎ、その日の業務もほぼ片付いた職場では、メンバーの大原と渡辺が、明るい声で会話していた。

「いやあ、最近あいかわらず景気は悪いけど、うちのチームの業績は上向いてきたな」

「そうですね。かなり忙しくて、今日も残業ですけど、がんばっていることが成果に結びついている実感がありますからね」

「たしかに。一時は、営業部の足を引っ張っていて、肩身が狭かったけど、今はそんなことないもんな。やっぱり、営業は売ってなんぼだからな」

「そりゃそうですよ。一年前までは、僕なんて完全に足を引っ張っていて、大原さんの数字だけでうちのチームがもっていたから、正直申し訳なくて、つらかったですけど、おかげさまで、ようやく人並みの売り上げというか、目標はきちんと達成できるようになってきましたし」

＊

そこに、課長の丸本が帰ってきて、メンバーたちに声をかけた。

「いいニュースだ。今月はうちのグループが達成率トップになることがほぼ決まりだ。この調子で行くと、四半期トップもねらえるかもしれない」

「よっしゃ！　四半期トップを確実にするには、あとどれくらいですか」

「そうだな、他のグループの様子を見る限り、四半期目標を三〇％くらい上回れば、結構いい線行くと思うぞ。今ねらっている、大手顧客で競合商品をリプレースする作戦と、休眠状態にある小口顧客を地道に掘り起こして取引を復活する作戦をもう一息がんばれば、期待できるんじゃないか」

「わかりました。じゃあ、その方針で、打てる手がないか、考えてみますよ。穂積先輩とか、他のメンバーにも声をかけて、今の状況を洗い出してみます。この四半期はトップをねらいましょう」

「わかった。大原、渡辺、頼むぞ。細かな具体策は任せるから。俺を使った方がいい場面ではどんどん使ってくれ。営業同行でも、卸からの情報収集でも、やれることはやるからな」

「わかりました。ありがとうございます」

「厳しい環境だけど、〝景気を言い訳にするな〟だ」

「お、丸本さん得意のフレーズですね。たしかに相変わらず景況感は厳しいですけど、言い訳にせずに、やりきりますよ」

「その意気だ。最後までやりきろう」

丸本は意気込むメンバーたちを後に、帰宅していった。

＊

残された大原と渡辺は、去っていく丸本を黙って見送り、丸本がエレベーターに乗り込んだのを見とどけて、目を合わせた。

「いやあ、変わったと言えば、丸本さんですよね」

「そうだな。方針も明確だし、なんというか、腹が据わったな。以前だったら、あんな風に俺たちに『任せる』とか『自分を使え』なんて絶対言わなかったからな。『やりきる』っていうのも、そうだな。今の丸本さんは、ずいぶん良い感じだよ」

「そうそう。そうですよ。前は『数字はどうだ』『読みはどうなってる』ばっかりでしたもん。どうやって売り上げあげたらいいのかがわからないのに、数字のことばっかり言われて、ほんと嫌でしたもん」

「俺もさ、ヘッドハンターから声がかかってて、ずいぶん悩んだんだけど、うちにとどまって良かったよ。まあ、一年前の状況が続いてたら、間違いなく途中で辞めてたけどな」

「大原さんが辞めないでいてくれて、本当にありがたいですよ。なんと言っても、僕が一人前に売れるようになったのは、大原さんにいろいろ教えてもらいながら、地道に小口顧客の攻略をやってきた結果ですからね」

「いやいや、お前もよくがんばったよ」

*

自宅への帰り道、丸本は、この一年間の苦労をかみしめていた。思えば、一年前は業績も上がらず、メンバーからの信頼が得られず、グループはバラバラになりかけていた。

「あのときは本当につらかったな……なんと言っても、若いメンバーが愚痴を言っているのを耳にしたときは、本当に堪えた。それがようやくトップをねらえるところまで来たんだ。本当に皆、よくがんばってくれている」

一年前、戦略会議が空中分解したあと、自分が何をすべきなのか、どうすればメンバーのやる気を引き出せるのか、考えに考えた末にたどり着いたのが、自分には「どう売るのか」という方針がなかった、という結論だった。「目標達成だ！」「がんばれ！」と言うばかりで、メンバーに、どうやって目標を達成していくのか、道筋を示せていなかったのだ。

結局、個人の努力、営業力に期待するばかりで、組織としての動きが何もできていなかった。当然、実力のある大原だけが売り上げを上げ、彼のノウハウを他の営業に展開することも、実力がまだまだ身に付いていない若手層に指針を示し、力をつけてやることもできていなかったのだ。

言い換えれば、それまで自分はマネジャーとして何もしていなかったということだ。丸本は深く反省するとともに、「このままでは嫌だ。なんとかグループを立て直したい。そのためには何でもやろう」と腹をくくり、考えはじめたのだった。

＊

あの戦略会議の次の日、丸本は、大原を呼び出して二人でじっくり話し合った。

「大原、昨日のミーティングのあと、考えたんだが、うちのグループの現状には、俺のマネジメントに問題があったと思う。特に、どうやって売るか、についての方針がなかったのが最悪だった。大いに反省している。すまなかった」

「どうしたんですか、丸本さん。たしかに、今の状況は最悪だと思いますし、丸本さんのおっしゃるとおり、方針がなかったのは大きかったと思いますが……」

「ついては、大原に手伝ってほしいことがあるんだ。うちのグループを、なんとしても良いチームにしたいんだ。業績を回復するだけでなく、一人ひとりが意味を感じて働けるチームにしたい。そのために、二つお願いしたいことがある。一つめは、俺が考えた方針について、意見してほしい。うちの担当マーケットの現状を考えて、今の状況でも数字をつくっていけそうな作戦をいくつか考えてみたんだ。二つめは、その推進にあたって、営業リーダーとして、他のメンバーの指導を俺と二人で分担してほしいんだ」

「へえ……わかりました。うちの状況をなんとかしたいのは、僕も同じです。まずは丸本さんの方針を聞かせてもらっていいですか。こうなったら、ぶっちゃけで言いますけど、丸本さんの営業方針って、数字の話と、『どうだった？』『がんばってるか？』っていう進捗管理の話しか、これまで聞いたことないですからね」

「本当に悪かったよ。まあ、聞いてくれ。ダメならダメと言ってもらえるほうがありがたい。それでだ、うちのマーケットを見ると……」

結局、その日のミーティングでは結論が出なかったものの、丸本と大原は、数回かけて、グループの営業方針をまとめあげた。そして、「出直し戦略会議」と称して再び会議を招集し、全員の前で深く頭を下げ、これまでの振る舞いを詫びた上で、方針を伝えたのだった。

＊

大原と一緒にまとめあげた方針を伝え、全員の力でなんとか売り上げをつくっていきたい、と丸本は訴えたが、最初、メンバーは気乗りしないようだった。

しかし、徐々に成果が出てきたことで、皆の様子がどんどん変わっていった。

なんと言っても、大原が率先垂範で、作戦どおりに取り組み、成果を上げてくれたことが大きかった。続いて、ベテランだが伸び悩んでいた穂積に、丸本自身が営業同行してサポートしながら、方針どおり「休眠顧客を地道に復活させる」取り組みを進めるなかで、穂積が自信を取り戻し、徐々に業績が上向いていったのだ。

半信半疑だった若手も、大原と穂積の実例を見るうちに、方針の有効性を感じ取ってくれたらしく、積極的に方針に沿った動きを見せるようになっていった。

それからのチームの会議は目に見えて変わった。競合をリプレースするために自社の商品の何を訴求するのか、どこに休眠顧客がいるのか、どうやってアプローチするといいか、など、売り上げを生み出すためのコツやノウハウを互いに真剣に議論する場になったのである。これまで丸本が一方的に状況を問い詰めていた場とは、大きく様変わりした。

そして、先が見えない、どう売ればいいかわからない、と言っていたのが嘘だったかのように、徐々に若手二人の実績も上向き、それに伴って、グループに活気が帰ってきたのであった。

*

「方針を決めることがあんなに大切だとは思わなかった」丸本は振り返る。

「マネジャーができることはたいしたことがない。やっぱりメンバーが動かないと、グループの業績なんてつくれるわけがない。だけど、マネジャーがやるべきことをやらないと、メンバーの力を引き出すこともできないんだ。

でも、だからこそ、おもしろい。まずはこの四半期、なんとしてもトップをとろう。それでさらに自信をつけた皆が、次の半年、一年で、どんな風に成長していくか、本当に楽しみだ……」

丸本は、悩んでいた一年前とはまったく違う、晴れ晴れとした気持ちで、家に向かって歩いていった。

謝辞

本書は、筆者がこれまでコンサルティングサービスを通じて経験してきたこと、その中でマネジメントについて考えてきたことをもとに、同僚である吉川克彦君の支援を得て構成・執筆を行ったものです。

内容はできるかぎり「現場」を踏まえたものにと心掛けました。そうする上で、数多くのクライアント企業、マネジャーの方々とこれまでご一緒してきた経験が、とても貴重なものとなったことをここに記しておきます。さまざまな現場でマネジメントに取り組まれている皆さんが示してくださった考え方や思いから、筆者自身も多くのことを学んできました。その皆さんとの出会いがなければ、本書を執筆することもできなかったに違いありません。一人ひとりのお名前は記せませんが、この場を借りてお礼申し上げます。

そして読者の皆さん、最後までお読みいただき本当にありがとうございました。現場を踏まえて記したとはいえ、マネジメントの現場というものは、書いて表現するほど簡単なものではなく、知れば知るほど奥が深くものだと感じています。また本を読んで理解することと、それを実行することの間にも、つねに大きな乖離があります、それらが本書を通じて少しでも埋まれば幸いです。

絶対の正解が存在しない時代、本書に記してきたことも「正解」ではありません。今の筆者の眼に見えているかぎりで「正しそうなこと」を記したにすぎません。「方針」に検証と改善のプロセスが必要なように、本書の内容も、試して、効果を見て、改善して、……と繰り返して磨かれていくものだと思います。読者の皆さん一人ひとりにとって、マネジメントの質を高めるための、そしてマネジメントを楽しむための助けとなることを願っています。

最後に、編集を担当していただいた英治出版の高野達成さんと山下智也さんには多大なるご支援をしていただきました。この場をお借りして感謝申し上げます。

二〇〇九年九月

太田　芳徳

● 著者紹介

株式会社リクルート HC ソリューションユニット　Recruit HC Solution Unit

2001 年 10 月に設立された、株式会社リクルートの戦略人事コンサルティング部門。組織ミッションとして、「一人ひとりが生き生きと働ける人と組織の新しいあり方を顧客と協働・創造し、社会に提唱すること」を掲げ、リクルートグループの知見を活かした、創造的・革新的な課題解決の創出と提供に取り組んでいる。主なテーマは、理念の共有、戦略の具体化と実行促進、戦略に基づく人事施策の立案と展開、人材を惹きつけ活かす組織づくりなど、「戦略と人・組織をつなぐ」領域。「最後まで顧客に伴走し、必ず課題を解決する」ことを信条とする。
http://hc-solution.recruit.co.jp/

太田 芳徳　Yoshinori Ota

株式会社リクルート HC ソリューションユニット　ゼネラルマネジャー 兼コンサルティング ディレクター。1993 年リクルート入社、営業、商品企画等を経て現職。主なプロジェクト実績にアサヒビールの営業マネジメント変革支援、通信、メーカー、ホテルサービスなど大手企業での育成体系構築、組織開発、理念浸透、採用戦略立案等があり、ヨーロッパ MBA スクールの教科書への事例提供や、神戸大学大学院経営学研究科、明治大学大学院グローバル・ビジネス研究科で講師も務めた。名古屋大学工学部航空学科卒。愛知県岡崎市出身。

※組織名・肩書は初版発行時のものです。

● 英治出版からのお知らせ

本書に関するご意見・ご感想を E-mail（editor@eijipress.co.jp）で受け付けています。
また、英治出版ではメールマガジン、ブログ、ツイッターなどで新刊情報やイベント情報を配信しております。ぜひ一度、アクセスしてみてください。

メールマガジン ：会員登録はホームページにて
ブログ ：www.eijipress.co.jp/blog
ツイッター ID ：@eijipress
フェイスブック ：www.facebook.com/eijipress

「決める」マネジメント
人を活かす職場をつくる

発行日 2009年10月30日 第1版 第1刷
2017年 5月31日 第1版 第2刷
著者 リクルートHCソリューションユニット
発行人 原田英治
発行 英治出版株式会社
〒150-0022 東京都渋谷区恵比寿南1-9-12 ピトレスクビル4F
電話 03-5773-0193 FAX 03-5773-0194
http://www.eijipress.co.jp/
プロデューサー 高野達成
スタッフ 原田涼子 藤竹賢一郎 山下智也 鈴木美穂 下田理
田中三枝 山見玲加 安村侑希子 平野貴裕 上村悠也
山本有子 渡邉吏佐子 中西さおり 瀬頭絵真
印刷・製本 シナノ書籍印刷株式会社
装丁 英治出版デザイン室

ISBN978-4-86276-038-8 C0034 Printed in Japan